商务知识并不难系列

图解管理学

[日]远藤功 编著

刘江宁 译

中国原子能出版社 中国科学技术出版社

·北 京·

Original Japanese title: SAKUTTOWAKARU BUSINESS KYOYO MANAGEMENT.
Copyright © SHINSEI Publishing Co., Ltd. 2021.
Original Japanese edition published by SHINSEI Publishing Co., Ltd.
Simplified Chinese translation rights arranged with SHINSEI Publishing Co., Ltd.
through The English Agency (Japan) Ltd. and Shanghai To-Asia Culture Co., Ltd.
Simplified Chinese translation copyright by China Science and Technology Press Co., Ltd.
北京市版权局著作权合同登记　图字：01-2023-0990。

图书在版编目（CIP）数据

图解管理学 /（日）远藤功编著；刘江宁译 . — 北
京：中国原子能出版社：中国科学技术出版社，2024.2
ISBN 978-7-5221-3160-3

Ⅰ . ①图… Ⅱ . ①远… ②刘… Ⅲ . ①管理学—图解
Ⅳ . ① C93-64

中国国家版本馆 CIP 数据核字（2023）第 228891 号

策划编辑	杜凡如　褚福祎	**责任编辑**	马世玉　陈　喆	
文字编辑	褚福祎	**版式设计**	蚂蚁设计	
封面设计	马筱琨	**责任印制**	赵　明　李晓霖	
责任校对	冯莲凤　焦　宁			

出　　版	中国原子能出版社　中国科学技术出版社	
发　　行	中国原子能出版社　中国科学技术出版社有限公司发行部	
地　　址	北京市海淀区中关村南大街 16 号	
邮　　编	100081	
发行电话	010-62173865	
传　　真	010-62173081	
网　　址	http://www.cspbooks.com.cn	

开　　本	880mm×1230mm　1/32	
字　　数	170 千字	
印　　张	5.375	
版　　次	2024 年 2 月第 1 版	
印　　次	2024 年 2 月第 1 次印刷	
印　　刷	北京盛通印刷股份有限公司	
书　　号	ISBN 978-7-5221-3160-3	
定　　价	59.00 元	

前　言

这是所有商务人士都必须具备的技能。
如果你想拥有顺利的职场之路，那么就认真学习管理学知识吧！

听到"管理"一词，大家会联想到什么呢？或许很多骨干业务人员或年轻的商务人士会认为管理是经营者或高级管理人员必须具备的素质，而与自己无关。诚然，"管理"一词经常被译为"经营管理"，这种译法无疑给管理学披上了一层晦涩难懂的面纱，并使许多人对此敬而远之。

这是大错特错的。

实际上，管理技能对于所有商务人士而言都是不可或缺的技能。它与年龄和职位并无任何关系。

不只是工作，就连人生也不可能事事如自己所愿。我们常常会面临多种困境，如无法实现自己的理想、遇到意想不到的麻烦或者人际关系一团糟，等等。

如果所有的事情都能够按照自己的设想顺利发展，那么你的人生一定是无比轻松快乐的。但遗憾的是，现实中的很多事情并不如自己所愿。

然而，面对这种现实一味地唉声叹气也无济于事。此时，我们就需要掌握一些必要的管理技能。因为这些技能可以帮助我们引导那些麻烦的事情慢慢转向顺利状态并实现成果最大化。

　　毫不夸张地说，工作能力强弱之差并不在于才干本身，而在于管理技能的高低。毫无疑问，那些在工作中通过良好业绩获得大家认可并踏上幸福人生之路的人都具备优秀的管理技能。与此相对，那些在工作中没有取得任何成果且生活一团糟的人大多轻视管理且缺乏相关技能。

　　如果你想在工作中取得良好业绩、获得大家认可并开启幸福人生的话，就必须学习管理学知识来提升管理技能且每天要认真践行。

　　首先，我们要学会自我管理来保持充分自信，然后要在团队管理上下功夫以实现团队成果最大化。希望各位读者通过本书可以系统把握管理学知识并付诸实践。

人生并非事事顺心如意

帮助你平稳跨越人生高峰和低谷的最强武器

人生不如意之事十有八九，我们常常会遇到各种各样意想不到的麻烦和阻碍。在自身资源极为有限的情况下，管理学知识成为帮助我们摆脱困境的强大武器。当人生旅途遇到挫折坎坷之时，我们不能轻而易举地放弃而要通过管理技能开拓新的人生！

所谓"管理"就是努力让事态朝着积极方向发展。

情绪管理
情绪管理和心理调节有利于提高工作质量。

心理状态
如何呢？

你能够把握并熟练运用俱乐部的优势吗？

日常训练非常
严格吗？

自我管理
自律有助于商务人士维持基础体能。

团队管理
在充分了解特性和技能的基础上引导成员实现团队成果最大化！

起点

现处位置

工作管理
一切工作始于认真规划，同时还要时刻有意识地寻找最佳解决途径。

设想通往目标的
最佳路线。

设定目标和终点

管理始终为达成目标而服务。设定目标和终点是管理的第一步。

最终目标是什么？

信息管理

风的方向和强度如何？
果岭的状况如何？
沙坑的位置在哪里？

关系管理

收集与自己所处环境有关的信息并与团队成员和客户建立良好关系，这是管理的重要一环。

管理的思维方式与高尔夫竞技极为相似

管理是什么？简单来讲，它是一种能够促使事态朝着积极方向发展的方式方法。为了达到最终目标，我们必须最大限度地利用有限资源取得最佳成果。在这一过程中运用的各种手段就是"管理"。

以高尔夫球竞技为例，球手们为了做到以最少杆数打完一回合就必须认真了解包括沙坑位置、球场起伏以及风向在内的所有信息，而且还要在不顺利的情况下采取最恰当的应对措施。

此时并不存在绝对正确的答案，因为我们必须要掌握相关技能以保证事态积极发展。

管理就是「肌肉训练」

管理准则七条

一、构想理想状态

没有目标就没有管理，因此首先要构想出一种理想状态作为目标。

二、坚持是重中之重

管理没有终点。以进一步优化为目的的延续性是重中之重。

三、战胜自己才能获得成功

为了达成目标必须克服懒惰懈怠和投机取巧。只有学会自律才能够有所成就。

四、努力减掉"赘肉"

就像运动员身上没有赘肉一样，优秀的商务人士也不会承担毫无意义的任务。

管理常常被认为是一种智慧型商业技能，但实际上它是一种类似于肌肉锻炼需要每天坚持的行为。就像运动员每天都要锻炼身体一样，管理的本质就是在商务领域和日常生活中不断优化事物。这就要求我们不仅仅要掌握管理学知识，更重要的是将其变成一种习惯以获得连续不断的成长进步。

五、掌握正确的训练方法

盲目的努力不一定会有结果。只有在掌握理论的基础上做出恰当努力才能实现最佳效果。

六、时刻关注重点

我们在锻炼肌肉时要时刻关注重视的身体部位就是重点。同理，在进行管理时也要认真把握管理要点。

七、更新训练理论

管理学理论伴随着时代变迁不断发展且会持续更新迭代。

目 录

CONTENTS

目录

第三章 **团队管理的奥秘**

第四章 **管理对象**

第五章 数字化时代的管理

数字化时代的管理实践

后记 ……………………155

图解管理学

理解管理学概念

　　以"环境""过程""资源""情绪"四个要素为起点把握管理对象有助于理解管理学概念。这四大要素被人们称为"四要素"，它们不仅适用于"自我管理"和"团队管理"，而且可用于"组织管理"。

　　接下来我将对管理学进行讲解，如果你在阅读过程中能够清晰地辨别各个主题分别属于"四要素"中的哪一个，这就意味着你对管理学概念有了系统性理解。

管理对象示例

	自我管理（第二章）	团队管理（第三章）
①环境	·优化工作环境（整理整顿） ·信息管理	·办公环境 ·人际关系
②过程	·工作程序、优先次序	·工作可视化 ·信息共享 ·成果可视化
③资源	·时间管理 ·资金管理	·职责分配 ·舍弃无价值任务
④情绪	·动机管理 ·期望值管理	·团队共进退 ·团队整体动力

第一章

何为
"管理学"?

在讨论管理学具体方法之前，我们首先要从词源和历史的角度来把握管理学的整体轮廓。管理学是如何产生又是如何随着时间推移而演变的呢？只有把握了整体脉络才有助于理解管理学概念。

从词源角度把握管理学本质

图解管理学

从词源角度追溯管理学含义有助于我们更轻松地把握其本质。英文"management（管理学）"一词源于拉丁文"manus（手）"，之后演变成"mano（操纵）"，再后来演变成"manege（用手操控马的缰绳）"，最后演变成"manage（想方设法地巧妙处理问题）"的意思。

现代英语的"manage to ＝ 设法处理"，就是本书要讲解的管理学本质。在工作场合和人际关系中，绝大多数事态并不会像马儿那样按照主人的心意前进。如何想方设法让事态朝着积极方向发展，这就是在考验我们的管理技能。许多人会认为这是高级管理人员和经营层才需要具备的技能，但实际上所有的商务人士都必须掌握这些技能来促使眼前的工作开展、人际关系和沟通交流变得更加顺利。

如果你想要在事业上取得成功或者实现梦想目标，那么理解管理学本质并提高相关技能是实现自我价值的第一步。

manus

在拉丁文中是"手"的意思。"manage"一词来源于"用手巧妙地驾驭一匹马"。

想方设法处理应对那些不遂己愿的问题

这就是管理学！

manage

通常被译为"管理"，原意是"设法做好某事"。

如何驾驭好"自身"这匹马？
如何驾驭好"团队"这匹马？
如何把握要设法处理的问题？
如何断定眼下所需管理技能？

管理始于『时间管理』

美国的工程师兼管理学家弗雷德里克·泰勒（Frederick Winslow Taylor）提倡以时间为标准来管理工人及生产过程。他提出的"科学管理理论"被认为是管理学的起源。

当时的工人们有组织、有计划地消极怠工，这导致生产一线面临着产量不稳定等重大问题。泰勒在认真观察优秀劳动者的工作流程之余，将工作流程细致地分解为若干个操作步骤并用秒表测算出每项操作所需时间，从而得出了"标准作业时间"。之后，他以标准作业时间为基础设定一天的工作定额。与此同时，他也对工作方法进行了标准化改进。通过在生产一线的作业工序中实行工具标准化、操作标准化、劳动动作标准化和劳动环境标准化等多项管理标准来达到提高劳动生产率的目的。这些都是泰勒的伟大功绩。

然而，这种过度的效率至上主义被指责为"侵犯劳动者人权"，继而招致工会的强烈反对。这一过程也促使了管理学概念从"全盘控制"朝着全面优化的方向转变。

一看就懂的"科学管理理论"

接下来将详细探索管理学源头——泰勒的"科学管理理论"。或许它与现代管理学也存在相通的部分……

人物小札：弗雷德里克·泰勒

在从机械师学徒成长为工程师的过程中，泰勒不断依托工作平台实践科学管理理论并取得了突出成绩。他将"科学"的概念带入生产过程并提倡合理的作业工序和标准，因此被人们称为"科学管理之父"。

（Frederick Winslow Taylor，1856—1915）

"科学管理理论"的独到之处！

根据"科学管理理论"的三大原理来探究其独到之处。

1 通过"工作定额"在生产一线掀起了革命！

以往的生产工序往往依托于工人个人感觉，而泰勒则导入时间研究和操作研究的观念，采用科学的方法来合理规划工人的操作方法、劳动工具和休息时间，并规定每日需完成的工作量。

认真地观察工人们的作业流程并从中挑选出"第一流的工人"。之后，他以这些一流工人的操作流程为基础确定了最恰当的作业顺序和劳动工具。

2 制定了现代意义上的"工作手册"。

3 为提高生产效率创造出最合适的组织形态！

将计划职能与执行职能相分离并在企业内部设立专门的计划部门。此外，泰勒还进一步细化管理工作，建立了"职能工长制"。

更高水平的管理技能 创立巨型企业需要掌握

20世纪20年代，经济繁荣的美国迎来了大规模生产、大规模消费的时代，各类巨型企业层出不穷。

在这背后是一群卓越的实业家们，他们从19世纪末开始活跃于社会舞台。其中，主宰美国石油市场的"标准石油公司"创始人约翰·洛克菲勒（John Rockefeller）以及通过投资铁路聚敛财富并创立"卡内基钢铁公司"的安德鲁·卡内基（Andrew Carnegie）等人就是杰出代表。

这些公司在他们的管理下发展迅猛并通过一系列的兼并成为巨型企业，这导致管理的复杂程度和难度大大提升。因此，经营者们不得不谋求更高水平的管理技能。

似乎是为了响应时代需求，美国开始普及管理学教育。以1921年哈佛大学开设为期2年的MBA课程为发端，实力较强的大学都纷纷开设商学院。管理学由此成为一门学术学科，包括切斯特·巴纳德（Chester I.Barnard）和德鲁克（Peter F.Drucker）在内的杰出管理学家都在不断创造出新的研究成果。

管理学发展过程中的三大主要课题

伴随着巨型企业的诞生，管理也变得愈发复杂。那么，管理学是如何随之发展变化的呢？接下来，我们从三大课题出发进行解读。

1 巨型企业的诞生

20世纪20年代的美国迎来了大众消费的时代。企业反复进行水平合并和垂直合并以提高自身生产能力。因此，在这一时期诞生了一批又一批的巨型企业。

企业合并导致管理经营变得越发复杂……

2 商学院的兴起

巨型企业管理的复杂性不断提升，这就对企业管理相关领域的人才提出了更高要求。最早的商学院成立于1881年，但在该时期其数量急剧增加，甚至哈佛大学等知名院校都开设了MBA课程。

MBA课程的人气高涨！

3 更加重视"组织"

伴随企业规模的扩大，组织架构日趋复杂，管理要素也不断增加。这就要求经营者们必须从"沟通""合作意愿"和"共同目标"等角度出发重新审视组织。

切斯特·I.巴纳德（Chester I. Barnard）
1886—1961

从新的角度出发审视组织架构！

管理的目的并非『约束』，而是实现『优化』

如前文所述，管理的本质是"想方设法处理应对那些棘手的问题"。但在现实生活中，"管理"一词多被解释为"约束"。

事实上，"约束"也包含于"管理"的意义范畴之内，但只是其中的一部分。管理的最初目的并非是预防发生不测事态和纠纷，而是为了最大限度地提高组织、团队和个人的工作效率以实现优化。

如此看来，管理者并非"监督者"，而是为了实现目标不断对组织整体进行优化的人。

需要注意的是，在谋求优化的过程中切忌陷入"局部优化"或"现状优化"的桎梏之中。所谓"优化"，是指整体保持平衡的状态。它要求我们必须从各个角度俯瞰全局，不断细致地检查自身团队的优化是否会给其他团队招致损失或者影响到对未来的投资。另外，持续优化也是非常重要的。

管理和优化的区别

管理

通过规则和定额来管理生产一线是必不可少的。但是，"纯管理"模式以维持现状为主要目的，因此很难实现工作效率的提升。

达成目标了吗？

是否存在失误？

遵循规则了吗？

优化

领导者俯瞰生产一线，通过修改业务规则或建立有效发挥成员能力的机制来促使工作效率实现最大化。

目标设定是否合理？

如何减少失误？

通用规则是否有效？

优化过程中隐藏的陷阱

部分优化＞整体优化

只重视"部分优化"和"局部优化"，即只对自己所处部门或团队等部分领域进行优化。这样做会对整体造成重大损失。

营业部

策划部

总务部

现状优化＞未来优化

"现状优化"是指为了使眼前利润最大化而限制本应进行的投资，这也是很多人容易忽视的陷阱。我们要时刻注意"未来优化"，即投资要着眼于未来。

两眼放光

未来　当下　当下

把握管理 从『单位』和『对象』的角度

图解管理学

从"单位"和"对象"的角度把握管理是将管理付诸实践的必然一步。

首先，管理的单位由小到大依次是"个人"、"团队"和"组织"。因此，我们需要从最小的"个人"单位出发进行"自我管理"。只有在顺利掌握该项能力之后才能够管理好"团队"和"组织"等更大的单位。那么，我们如何才能管理自身及所处团队呢？这就需要认真地观察了解"管理对象"。

主要的管理对象包括"时间"、"工作任务"、"情绪"和"人际关系"等要素。例如，工作时间管理就要求我们认真思考如何对每天24小时这一有限资源进行最优分配。

想方设法处理应对那些棘手的问题并促使事态朝着积极方向发展，这才算得上是真正的管理。

管理的单位

小 ——————————————————— 大

自身

管理者自身是管理
对象的最小单位,
也是管理的基础。

团队

管理那些与自己意
见相左的人并非易事。

组织

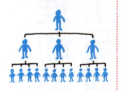

面对不同的人或想
法,管理者很难促
使事态朝着积极理
想的方向发展。

管理的主要对象

时间

每天 24 小时是固定不变的,时间
管理是一切管理的基础。

工作任务

不能只简单完成被交派的工作任务,
应该努力对其进行优化。

情绪

如果不能很好地管理好自身情绪,
就很容易在职场中处于不利地位。

人际关系

人际交往的融洽有助于大幅提升
工作效率。

管理的思维方式、手段和工具应当与时俱进

为了实现大规模生产和稳定生产，泰勒在生产一线导入"科学管理理论"并由此诞生了管理学思想。另外，管理对象的范畴伴随时代的发展日趋扩大，这也要求管理技能不断改进。

例如，除时间、业务和人员等管理对象之外，商业风险、信息数据、工作环境和人的情绪等要素也进入了重点管理范畴。

此外，社会形势的变化导致远程办公模式越发普及。因此，经营者们在面对原有的管理对象（下属）之时也必须改进管理方法。伴随着数字化转型①的步伐加快，越来越多的新型数字化工具应用于商务一线，这也对管理方式产生了一定程度的影响。

以往的企业只需考虑如何保证自身的销售额和利润实现最大化即可，但是伴随着可持续发展目标理念在全社会层面的广泛传播，经营者们也必须要谋求实现"社会整体优化"和"世界整体优化"等目标。由此可见，管理已经成为现代生活中不可缺少的一部分。

---

① "数字化转型"来源于英语"Digital Transformation"一词，具体指数字技术对商业和生活的改变。——编者注

新型管理对象示例

风险管理

愤怒管理

自我管理
团队管理
组织管理
等

环境管理

数据管理

数字化转型引发的管理思维转变

远程办公的利弊

导入远程办公模式不仅可以减少通勤时间，还有利于调整工作方式。然而对于不适合远程办公的人而言，这种工作方式会导致效率低下或蒙受损失。

熟练使用数字化工具

熟练使用数字化工具对于提升工作效率而言是至关重要的。特别是在进行团队管理的时候，如果只有你自己一个人不熟悉数字化工具的话，那将带来严重打击。

区别应对现场办公和远程办公

无论远程办公技术如何先进，我们也无法达到 100% 远程控制的效果。团队管理的关键在于灵活应对现场办公和远程办公两大模式。

妥善管理非现场办公人员

远程办公模式导致经营者们无法直接把握管理对象的工作状态，这就要求我们掌握与以往不同的管理技能。

德鲁克的经典著作——
《管理》

　　提及"管理"一词，许多人都会联想到彼得·德鲁克的著作。他的经典代表作《管理》一书以企业、政府机关和大学等组织为切入点论述了管理学理论。本书以企业组织所需的管理技能为中心，系统地阐述了管理的必要性和重要性以及企业存在的意义等。

　　本书一改传统的极权主义组织管理方法，强调了自治组织的重要性。

　　《管理》中所阐述的思维方式能够一语道破问题的本质且具有普遍性，这对于所有商务人士而言都具有一定的参考价值，因此时至今日仍被奉为经典名著。

（Peter F.Drucker,
1909—2005）

彼得·德鲁克简介

管理顾问、管理学者。他首次提出"管理学"概念，在世界范围内产生了巨大影响。另外，他还提出了"分权化"、"民营化"和"知识工作者"等重要的管理理念，因此被称为"管理学之父"。

自我管理的奥秘

本章将对"自我管理"进行解说，这是一切管理的基础。该阶段的关键词是"重点思考"、"整理整顿"和"例行程序"。接下来，我们就从身边最亲近之人和自身开始尝试进行管理吧！

自我管理是管理环节中的最小单位。能否优化自身的生活状态和工作方式将会对一个人的工作表现产生极大影响。

自我管理

不擅长自我管理的人

一系列的无心之失导致今天加班到深夜……

任务管理不善，经常陷入超负荷工作状态。

熬夜玩游戏导致睡眠时间严重不足。

在处理事务性工作之时经常忽视重要客户。

图解管理学

花费大量时间来制作一份非必要文件。

COOL

通过自我管理最大限度地提升工作绩效

管理的四大要素

1 时间

时间是自我管理的基础，也是最重要的资源。减少时间浪费能创造出更多的劳动成果。

时刻关注时间。

2 工作

仅仅做好眼前工作并不是擅于管理的体现，关键是要把握好正确处理工作的方法和过程。

规划和准备是至关重要的！

了解自我管理的目的

管理的首要对象是自身。只有自身得以优化，才能够更好地实现团队管理和组织管理。

自我管理的目的是最大限度地提升

依靠自身力量最大限度地提升工作效率

3 环境

良好的办公环境有利于提高工作效率。重新审视环境是做好管理的第一步。

> 办公桌要始终保持干净整洁的状态。

4 人际关系

工作成果诞生于人与人之间的关系处理。一旦忽视人际关系就无法顺利地完成工作。

> 不要忘记关心体谅他人。

工作绩效。当然，如果你没有树立任何人生理想和目标的话就无须进行自我管理；如果你想在工作上有所建树的话就必须做好自我管理。为了最大限度地提升工作效率，我们必须时刻关注时间、人际关系、程序步骤和安排筹划等诸多要素。那些在事业上取得成功的人都是"自我管理大师"。

通过「重点思考」排除非必要事项

托业①考试必须拿到 **850 分！**

前进吧！我要努力成为国际化人才！

将有限的资源集中投入到重要的事情之上。

实现目标需要有重点地投入资源

　　如果你拥有充足的金钱和时间，那么即便不进行自我优化也能够专注于实现目标和梦想。然而，金钱和时间等资源是有限的，现实情况是我们必须要运用有限的资源来实现人生理想。

---

① 英文 Test of English for International Communication，简称 TOEIC，中文译为国际交流英语考试，音译"托业"。——编者注

再见啦！我的治愈系猫咪动画和鲨鱼冒险电影！

意识到时间正在被无关紧要的事情所占据

浏览网络社交平台和观看网络视频等一系列行为所占据的时间远远超出我们的想象。虽然难以完全杜绝这些行为，但减少无意识的时间浪费是实现自我管理的第一步。

解决这一问题的关键在于要进行"重点思考"，即确定哪些事情对于实现梦想和目标而言是切实重要的。之后，我们还要有重点地投入资源并舍弃非必要事项。许多人感觉工作异常无聊且自身毫无进步，这很有可能是因为他们没有搞清楚什么才是重要事项，并在非必要事情上浪费了大量时间。

敢于舍弃非必要事项并集中资源于重要事项之上，这才是最基础的管理准则。

自我管理的『2S原则①』——整理、整顿

未管理状态

购买纸巾　策划书　回复邮件　游戏赛季　经费清算　会议安排　桌面　关注社交平台

一旦工作变得繁忙，我们就会不知道该从何处着手。此时应该停下手中的工作来认真地对眼下所有任务进行整理、整顿。

首要步骤是整理自身思绪

　　不擅长自我管理之人的共同之处，是他们从不会对自己必须完成的任务进行整理和整顿。这些人往往会把今天必须要完

① 在日语中，"整理"和"整顿"的罗马音首字母都是"S"，所以此处称为"2S原则"。——编者注

整理

人在一天之内能够完成的事项是有限的。因此，我们既要舍弃非必要事项也要做好必要事项，同时还要将部分任务委托于他人。

整顿

之后要对整理过的任务进行整顿，具体做法是对各项工作进行分类并确定优先次序，如当天需完成的短期任务、本周或本月需完成的中期任务以及考取资格认定书等需长期完成的任务。

成的任务、本来没必要做的工作、临时要做的事情以及娱乐活动等混为一谈，<u>最终还未来得及处理任何事情就已经蹉跎了时光。</u>

践行"重点思考"的首要步骤是对自我头脑中各项任务杂乱交织的状态进行整理、整顿。其中，"整理"是指舍弃不必要的任务和不重要的工作，而"整顿"则要求对保留下来的任务进行分类并确定优先次序。由此可见，"2S（整理、整顿）是进行自我管理的重要原则之一。"

第二章 自我管理的奥秘

具体 操作 ？

保持任务安排和桌面布置干净整洁

「2S」要求同时

"2S"之实践篇①

把任务整理成为待办事项清单

只要在制定待办事项清单的过程中抓住以下三大要点，就能够清楚地把握自己要做的事情。

Ⓐ ★ 准备资格考试

Ⓑ ● 整理账单
　┌ 确认未提交者
　├ 检查是否存在不足之处
　└ 归档

● 补充物品　Ⓒ
　┌ 补充部门所需的文具用品
　└ 检查库存和订单

Ⓐ **将任务分为中长期主题和短期主题**
需要耗费数周或数月完成的中长期任务和仅需数天就能完成的短期任务，其处理方式大相径庭，因此要进行分类归纳。

Ⓑ **将任务分解成具体可操作步骤**
一项任务由若干工作环节组成，因此将任务分解成若干具体步骤可以有效减少操作失误和作业时间误判等情况的发生。

Ⓒ **以逐项消除待办事项为目标**
待办清单中的某项任务在完成之后就要用线条轻轻划掉。之所以不完全消除，是因为我们需要对以往工作进行回顾。

物理性的"2S"是实践的第一步

许多人想要进行自我管理却不知该从何着手，对此我推荐大家从物理角度出发进行整理、整顿，比如把任务整理成为待办事项清单或者将办公用

通过整理办公桌来感受"2S"的力量

除列举待办清单之外，整理办公桌也可以让人切实感受到"2S"的力量。
好的工作诞生于干净整洁的办公桌！

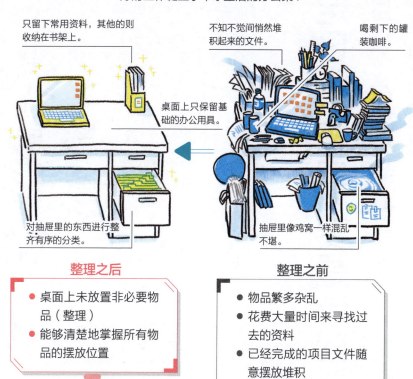

只留下常用资料，其他的则收纳在书架上。

桌面上只保留基础的办公用具。

对抽屉里的东西进行整齐有序的分类。

不知不觉间悄然堆积起来的文件。

喝剩下的罐装咖啡。

抽屉里像鸡窝一样混乱不堪。

整理之后

- 桌面上未放置非必要物品（整理）
- 能够清楚地掌握所有物品的摆放位置

为顺利开展工作创造出良好环境！

整理之前

- 物品繁多杂乱
- 花费大量时间来寻找过去的资料
- 已经完成的项目文件随意摆放堆积
- 频繁地丢失重要物件

桌收拾干净整洁。制作待办事项清单有助于我们养成记录待办任务的习惯，进而促使每天的工作效率得以提升。另外，保持桌面干净整洁不仅可以有效防止文件丢失或遗忘提交，而且还可以减少寻找东西的时间。如此，只要你能够先从身边小事着手践行"2S"并使之成为一种习惯，那么就可以在着眼于未来目标的基础上对工作进行取舍，或在团队内科学地分配任务，从而实现更高水平的管理。

确定日常生活节奏是走向「自律」的第一步

想要有意义地度过自由时间。

在咖啡厅学习1小时。

18

只埋头完成某项工作是不可取的。

尽量不要改变已经养成的习惯

如果频繁地改变习惯，那么习惯就会失去原有价值。在形成习惯之前可以多次试错，但一旦形成习惯就不要随意地做出改变。

通过养成习惯来规范自身行为

如果每天都要激励一遍自己坚持下去的话，很快就会丧失前进动力。人其实是一种懒惰的生物，约束自己的最有效方法就是养成规律的习惯。习惯的养成有助于

以时间管理为第一原则

泰勒之所以在科学管理理论中将时间作为基准，是因为只有时间是所有人都可以平等享有的资源。只要我们认真回顾管理学发展历史，就能够明白为什么要将时间管理作为第一原则。

这段时间是雷打不动的睡觉时间。

在固定的时间点吃午餐。

上午要集中精力完成产出效率较高的工作。

时刻保持严格的自我管理，就不会出现因为上午没有重要会议而睡过头的情况。在这个框架内保证工作和任务的顺利运行是自我管理的基本。此外，养成规律的习惯也有助于保持良好状态。

养成习惯就是以一种有规律的方式安排自己的日常生活。"不积跬步，无以至千里；不积小流，无以成江海"，正是日常的细微积累才造就了伟大的胜利成果。

具体 操作？

养成习惯有助于把握待办事项

习惯养成之实践篇①
确定起点和终点

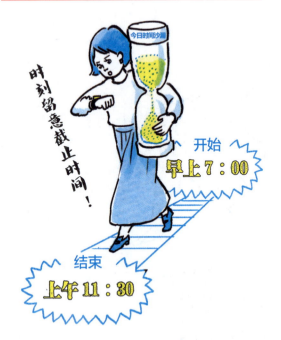

时刻留意截止时间！

今日时间沙漏

开始
早上 7：00

结束
上午 11：30

想必大家都有过这样的经历，越是繁忙期越能够创造出更多的工作成果。有些人会通过设定截止日期来提高自身工作效率，因为这样才能够促使习惯发挥巨大作用。只要有意识地设定具体时限（如"上午之前"或"11 点之前"）就能够有效地利用时间。

养成习惯有利于提高工作效率

养成习惯除了有利于约束自己的惰性之外还有诸多好处。

设定好起床时间和就寝时间并严格把握好当日活动的起点和终点，有助于高效率地利用时间。"靡不有初，鲜克有终"，我们很容易把握好开始的时间，但在接近终点之时往往会因为懈怠而不得不缩减睡眠时间来完成当天任务。由此可见，明确目标有利于减少不

灵活运用环境而非依赖意志

示例

> 尽可能在上午
> 较早时刻
> 安排会议

> 使用习惯
> 养成软件

> 在规定的
> 时间关掉
> 手机和电脑

如果你感觉自己意志薄弱且无法养成习惯，那么就必须要营造出一种易于习惯养成的环境氛围。想尽一切办法处理自己不擅长的事情，这就是自我管理的真谛。尝试通过转变思维方式来寻找问题解决之道是非常重要的。

名人也在努力养成习惯

著名的原职业棒球选手铃木一郎是一名忠诚的"习惯践行者"。他每天早上都吃咖喱，练习的时候也要坚持使用同一根球棒。据说这么做是为了减轻日常生活的压力，也是为了通过彻底自律来努力取得成果。

咖喱
鸡肉盖浇饭

必要的拖沓工作。

　　我们养成习惯之后便可按照惯例开展行动而无须再逐一思考决定自己应该做什么了，这有利于最大限度地降低压力并提升工作效率。此外，如果能够营造出一种易于习惯养成的环境氛围，那么成功率就会大幅提升。

　　包括前职业棒球选手铃木一郎在内的许多知名人士都在努力养成特定的习惯，其有效性可见一斑。

勿以善小而不为

下面将介绍若干自我管理的小技巧。
在这里，请大家思考自己是否在认真地做好这些理所当然的事情。

1

坚持早睡早起

坚持早睡早起有诸多好处，比如良好的睡眠质量有助于调整身体状态并形成健康的生活习惯。为了坚持早睡早起，我们还需要提前离开聚会或者避免加班至深夜，这样就会更有意义地利用好自身时间。

2

随时随地向周围人问好

阳光开朗地打招呼不仅能让对方产生好感，而且还能够给周围人留下良好印象。如果你以劳累等理由为借口逃避打招呼的话，就会错失一次提升印象的机会。因此，我们无论在何时何地都要亲切自然地向他人问好。

图解管理学

一些琐碎的小事看起来稀松平常，以至于很多人觉得无须特意提醒自己也能够记得住。

然而，很少有人在现实生活中处处留意这些小事。真正意识到每件小事的重要性并付诸实践并非易事。反过来讲，这也意味着只要不断践行小事就能够让自己脱颖而出。

"合抱之木，生于毫末；九层之台，起于累土；千里之行，始于足下"，从无数件小事中积累出的好感和信任感可以给我们带来更多的机会从而走向更大的成功。

3

即便是细微之事也要示以谢意

我们很容易对一些小事视而不见，比如收到同事出差后带来的纪念品或请求对方帮助自己转接电话等。但实际上，无论多么细小的事情，只要我们认真地表达谢意都能够获得对方的信任感。因为这样做能让对方认为我们是有礼貌且真诚的。

4

言必信，行必果

当我们忙于处理繁杂工作的时候，往往会在对方没有提醒或催促的情况下忽略过去所做出的承诺。但是，细微之处尽显人性，因此我们必须谨遵诺言。

通过自我管理学会察言观色

许多人会因为做不到察言观色而苦恼不已，
实际上这个问题可以通过自我管理来解决。

图解管理学

不会察言观色是一种怎样的状态？

在许多情况下，无法做到察言观色是由于对情况缺乏了解。有时我们会因为不了解感情的微妙之处而无法做到察言观色。但与之相比，因为不理解商谈目的和最终落脚点而任意打乱节奏才是最为致命的。

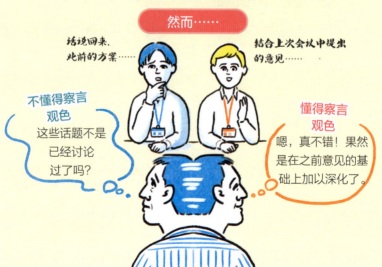

现场目的

希望在上次会议决定的基础上
提出一些建设性意见。

然而……

话说回来，
此前的方案……

结合上次会议中提出
的意见……

不懂得察言
观色
这些话题不是
已经讨论
过了吗？

懂得察言
观色
嗯，真不错！果然
是在之前意见的基
础上加以深化了。

认真把握"现场目的"和"自身职责"

做到察言观色的关键在于了解现场目的和自身职责，并努力在该场合之中最大限度地发挥自身作用。不擅长察言观色的人可以在会议开始之前向与会者确认此次活动的目的。

步骤 1

理解现场目的

不同活动的目的和过程是多种多样的，比如需要决定哪些事项、是否需要得出结论、是否只是单纯进行探讨以及会议需要持续多长时间等要素不尽相同。我们通过把握现场目的就能够在活动现场恰当发言。

步骤 2

扮演好在现场应当承担的角色

如果你是最年轻的员工，那么就要想一些新奇点子；如果你是骨干力量，就要负责调节现场气氛。我们只需认真观察现场与会人员就能够知道自己应该充当怎样的角色。

检测自身管理能力

　　管理能力有高低之分，因此我们在真正进行管理之前首先要检验自身管理能力的水平。

● **能力达标个数 ≥ 9**
你拥有较高的管理水平，请充满自信地付诸实践吧！

● **5 ≤ 能力达标个数 ≤ 8**
你处于中级管理水平，请不断加以练习来提升管理能力。

● **能力达标个数 ≤ 4**
你处于低级管理水平，请首先从加强自我管理入手逐步提升。

＼ 管理能力检验事项 ／

1. 按照计划展开行动

2. 仔细观察他人

3. 擅长整理、整顿

4. 不会过度感情用事

5. 有规律地生活

6. 善于体谅他人

7. 有切实的理想和目标

8. 时刻把握任务进度

9. 不浪费时间

10. 擅长确定任务的优先次序

11. 善于做出理性决定

12. 具有强烈的目标意识

第三章

团队管理的
奥秘

因为管理对象由自身转变成了他人，
所以团队管理比自我管理的难度更高。如
何对那些与自己意见相左的人进行管理呢？
我将在这一章中为大家解开其中的奥秘。

未进行团队管理的小组

只是把人聚集在一起的小组不能称为"团队"。只有通过管理才能将"小组"转变成为"团队",并使其最大限度地发挥力量。

成员之间的交流淡薄。

领导没有明确奋斗目标。

不能自由地交换意见。

领导者未赋予各成员恰当的角色。

图解管理学

进行团队管理的小组

所有成员都能认同并赞成领导制定的目标。

成员之间建立起相互信赖的关系。

可以自由地发表意见而无须担心引发冲突。

领导者能够根据成员的个性和长处恰当地分配任务。

通过团队管理将「小组」转变成为「团队」

原本只有 5 个人的小组……

我负责构想出让顾客们眼前一亮的精彩点子。

普通团队和优秀团队的区别

假设 4 名成员分别拥有 25 种能力，那么普通团队的能力值为 $25 \times 4 = 100$，而优秀团队则可以通过相互配合发挥出 100 种以上的能力。

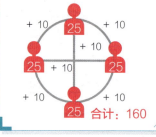

+ 10　+ 10
25
+ 10
25　+ 10　25
+ 10
+ 10　+ 10
25　合计：160

单纯把人聚集在一起不能算作是"团队"

很多时候我们误以为只要基于某个目标而将多人集合在一起就是"团队"。然而，在没有制定共同目标和恰当职责分配的情况下集合一批人**根本算不上是"团队"**，

这只能被称作是"小组"。

　　要想把小组转换成为团队就需要通过"设定共同目标"、"明确分工"、"同甘共苦"和"积累细小成功体验"等一系列过程进行团队建设。

　　"小组"只是人数的集合，而"团队"则要求在领导者的管理下充分发挥成员的能力，并通过相互配合促使成果最大化。

　　换言之，领导者必须通过管理将自己带领的小组转变成为团队。

团队管理的基础理论 ❶（续）

如何将『小组』转变成为『团队』？

图解管理学

团队管理之实践篇①
团队管理的关键要素

接下来将为大家介绍团队管理中的 4 个关键要素。

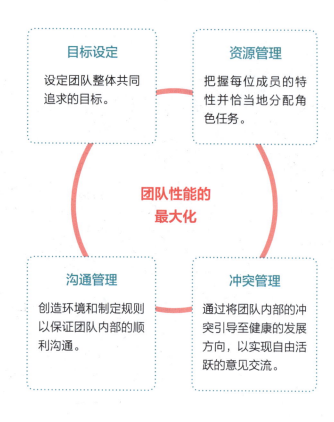

目标设定
设定团队整体共同追求的目标。

资源管理
把握每位成员的特性并恰当地分配角色任务。

团队性能的最大化

沟通管理
创造环境和制定规则以保证团队内部的顺利沟通。

冲突管理
通过将团队内部的冲突引导至健康的发展方向，以实现自由活跃的意见交流。

团队建设的关键在于相互理解

为了最大限度地提高团队绩效，我们必须牢牢把握"目标设定""资源管理""沟通管理""冲突管理"等关键要素。另外，一个小组不可能一蹴而就地转变成团队，这期间需要反复进行团队建设。

46

"游戏"有助于团队建设

在团队建设的过程中，最重要的就是促进成员之间的交流。
对此最有效的方法就是进行简单的游戏。

通过游戏促进初期团队建设的相关案例

你来比画我来猜

1名成员根据题目做出相应手势，其他成员根据该手势猜出题目答案。这个游戏可以提升团队成员之间的亲近感和熟悉度。

配对游戏

该游戏要求参与者找出一个与自己的卡片拥有相同单词或图片的伙伴。这个游戏通过对话能够促进成员之间的交流。

积木游戏

参与者必须根据给定的主题来共同组装积木。这个游戏有利于提升团队成员之间的沟通和配合能力。

在团队建设的初期阶段（即所谓的"形成期"）有必要通过简单的游戏来加深成员之间的相互理解。我们不能单纯地认为只要一起开展工作就会自然而然地形成团队。此外，在进行团队建设的过程中还必须注意目标是否具有强制性、是否将任务一股脑地丢给成员以及成员关系是否融洽等问题。由此可见，促使成员相互理解和尊重成为关键点。

推动团队发展的"热、理、情"

拥有"热、理、情"的团队可以取得较高工作成效

如果团队成员们在冷漠的工作氛围中无法感觉到真正价值，那么就不会产生应对挑战或进行创新创造的勇气。因此，我们需要从"热、理、情"3个角度重新审视团队并助力其发展成为高水平团队。

我希望自己能够成为"热情的源泉"并为团队注入活力。

如果团队领导者不能进行合理的指挥……

领导者必须点燃自己内心深处的热情并提出能够引发团队成员共鸣的目标，这样才能推动团队前进。

推动团队发展需要遵守的条件

在组建团队的同时，我们还必须考虑如何驱动已经成形的团队。

此时，我们需要把握"热、理、情"等关键因素。

为了让成员们充分发挥力量，我们必须创造一个能让其内心得到满足的环境！

努力将团队打造成为一个能够理性应对挑战且充满热情的集体。

只有在内心（情绪）得到满足的状态下才能够应对巨大挑战或进行伟大创造。

情

给团队成员们带来心灵上的满足。

为了达成目标需要把握资源并进行理性探讨。

理

理性的方式方法是管理的根本。

热

达成目标所需要的能量。

　　驱动团队的能量源泉是"热"，但理性的方式方法即所谓的"理"对于实现目标而言具有不可或缺的作用。另外，点燃团队成员内心之火的"情"也至关重要。我们必须在了解上述要素的基础上再行进行团队管理。

　　领导者既要满怀热情地与成员们一起追求目标，也要理性地将团队任务分配给各成员，最后还要满足他们的心理需求。

团队管理的基础理论 ❷（续）

打造一支充满『热、理、情』的团队

团队驱动之实践篇①

对于团队驱动而言三大要素缺一不可

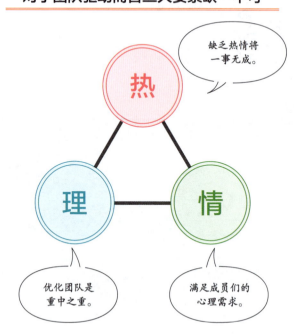

缺乏热情将一事无成。

优化团队是重中之重。

满足成员们的心理需求。

即使团队成员干劲十足且充满热情，如果缺乏理性的管控，最终也只是浪费一腔热血。另外，即使领导者十分了解各个团队成员的能力，如果未成功激发他们的热情，也无法取得最佳成果。只有同时具备了上述三大要素才能够成功地促使团队步入正常的运行状态。

驱动团队可以赋予组织活力

兼具"热、理、情"三大要素的团队能够最大限度地发掘成员的能力来应对新挑战或实现新创造。然而，缺少这三大要素中的任何一个都无法真正推动团队进入理想的运行状态。

在某些情况下，领导者和管理者需要成为团队成员的"啦啦队"

领导者的任务就是让成员产生浓厚兴趣

团队领导和经理的任务就是创造一个能够让团队成员全身心投入工作的环境。他们必须注意每位成员是否感受到工作价值或者面临着怎样的挑战。如果一个团队的成员总是精神饱满且充满干劲，这离不开领导者的功劳。

"热、理、情"是企业的根本

"热、理、情"是企业创造优秀价值的根本所在。面对那些饱含热情和动力的员工，领导者可以通过理性的方式最大限度地挖掘他们的潜力来创造价值。如此，我们就能发现团队管理和组织管理的共同之处。

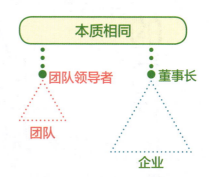

本质相同

团队领导者　　董事长

团队

企业

以推动团队发展。在团队管理中，重要的不是通过设定数值目标或定额来压迫团队成员，而是要创造一个能够让成员感受到自身价值并愿意投身于此的工作环境。

　　理解并践行这三大要素对于大型企业组织的运行而言更为有效。如果某位领导者或经理能够打造出一支同时具备"热、理、情"三大要素的团队，那么他在组织运营中也会成为可用之才。

提出能够引发共鸣的目标

传达目标以期引发共鸣

在向团队成员描述目标时，保持热情尤为重要。与自我管理一样，团队管理的第一步也需要明确目标和终点。自我管理只是要求自身为达成目标而努力，而团队管理则

必须让团队成员对目标产生共鸣。单纯描述或传达目标很难引起成员们的共鸣，此时需要进行耐心细致且充满热情的沟通。只有在明确共同目标的情况下才能提升领导者的向心力及成员们的积极性。

具体
操作
？

领导者充满热情是引发成员共鸣的唯一方式

领导者首先要点燃自己心中的激情

为了让自己成为团队的热情源泉，领导者必须点燃自己心中的激情。为此，他们必须以其他人无法比拟的热情开展工作，也要付出比别人多得多的汗水。优秀的领导者并不是把目标强行施加给团队成员，而是要让他们自发地行动起来。

做一名有目标和理想的领导者

无论领导如何用心地进行沟通，成员们也不会对领导自己都无法达成的目标产生共鸣。

领导者首先要带头谈论自己的目标和理想。最初他们可能会被认为是"空想家"或"理想主义者"，但他们谈论理想时的认真和热情会在不知不觉中成为团队向心力并传递给其他成员。

54

在传递热情的同时还要宣传目标的重要性和必然性

领导者散发的热情会传递给团队成员

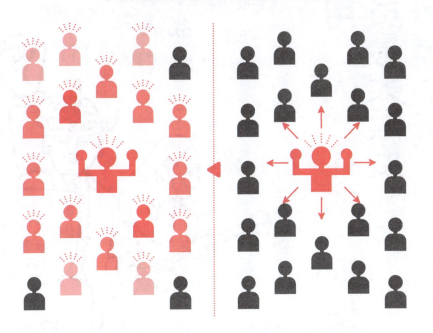

在一个死气沉沉的环境中，无论领导者拥有多大的热情最终也会消失殆尽。因此，领导者必须要找到若干名可以共享热情的团队成员，然后再通过他们把热情传递给其他成员，这样整个团队就会上下一心、众志成城。

另外，让成员明白团队存在的重要性和必然性也非常重要，比如"为什么要成立这个团队"以及"团队的工作能够为公司和社会做出怎样的贡献"等。如果领导者能够清晰地传达出这些信息并引发共鸣的话，那么团队氛围和成员行动将会大有改观。

通过创立这种机制，领导者的热情很快就会转换为整个团队的热情。

55

活用『人才档案』促使成员最大限度发挥潜力

只要我们团队上下一心、敢闯敢拼，就一定能够实现目标!

技能提升

技能提升

沟通魔术师小 D
他是一名擅长通过巧妙话术诱导客户提出诉求的天才!

团队卫士小 C
不屈服于企业内部沆瀣一气的党派势力，敢于以铜墙铁壁般的防御力守护团队!

领导者必须擅长激发成员潜力

　　"热、理、情"中的"理"是指准确地把握成员概况并赋予他们适合的职责和业务，这被称为"资源管理"。掌握各成员的个性、技能、强项和弱项等信息并将其汇总成为

什么是"资源管理"？

它是指领导者充分了解员工的能力和素质并合理地利用其培养人力资源。在整个企业组织内实行资源管理有助于挑选出最适合新项目的成员，在招聘活动中实行资源管理有助于招聘到理想型人才。

先驱者！营销战士小 A
他能够以强大的心态和谈判技巧不断开拓新业务。

合理化专家小 B
擅长通过便利的数字化工具让团队工作更为合理！

"人才档案"，这有助于优化团队结构。

赋予员工最合适的职责不仅可以保证项目的顺利完成，而且还能够促进个人和团队成长发展。

如果团队成员能够切实感受到自身能力得到了充分认可或者从被赋予的工作任务中得以成长的话，那么他们就会以更加饱满的热情投身于工作之中。

具体
操作
？

深入了解成员是资源管理的基础

资源管理之实践篇①
建立人才档案

如果你是第一次从事领导职务或经理工作，也可以通过填写检查项目来制作人才档案。检查项目除了下面列举的两项之外，还包括背景、资格证书、知识、价值观等内容。

检查项目要点示例

①强项·弱项

在决定团队内部角色分配的问题上，强项和弱项成为关键要素。根据成员特征分配各自擅长的任务不仅可以提高任务效率，也可以促进成员成长发展。

②动力

每个人对待工作的态度并不相同，有些人想在工作中取得成果，而有些人则可能把个人生活摆在更为优先的位置。为每个人分配恰当的角色有利于提升成员动力。

了解成员是领导者的必修课

当大家一起开展工作的时候，你会觉得自己似乎已经非常了解每位成员。然而，真正了解成员并制作出人才档案并不是一件容易的事情。除了询问员工迄今为止的经历、未来的目标以及工作动机等内容之外，还需要从日常工作态度和成果中了解他们的技能和擅长的领域。

任何职位都需要被尊重

无论成员的能力和业绩如何，领导者都必须对所有成员报以尊重。就像无法用昂贵的钻石构筑城墙一样，每位成员都应该有一个可以发挥自身实力的舞台。因此，领导者不仅要关注主要成员，同时也要关心处于助理职位的成员。

卓越员工　　　　**助理员工**　　　　**普通员工**

一个表现出色的卓越员工是团队的重要财富。领导者需要支持他们的工作以促使其充分发挥自身优势，但也需要防止他们变得自以为是。

辅助王牌员工的"幕后工作者"是一个不显眼但非常重要的职位。领导者必须要重视他们的工作并给予适当的褒奖。

没有取得突出成绩的成员往往会泄气或失去动力。此时领导者就需要表扬他们做得好的地方以提升心理上的安全感。

因此，定期进行一对一的面谈并关注每位成员的特性、期望和心理状态是必不可少的。

不过大家需要注意的是，一旦通过这种方式把握了每位成员的个性之后就会不由自主地对优秀成员加以关照。这种做法会引发其他成员的不满从而阻碍团队的正常运行和发展。另外，任何工作都不可能只依靠王牌员工，因此尊重所有成员是团队管理的重点。

第三章　团队管理的奥秘

沟通的关键在于「有效传达」而非「单方面告知」

为什么会出现沟通分歧？

对方传达的事情

我要在下周二拜访客户并向他们讲解下半年的销售计划，你能帮我准备一些相关资料吗？

因为她曾经协助我完成了上半年的销售计划，所以应该知道如何整理下半年的文件吧？就算她不明白，也会在本周内让我过目一遍，到时候我再详细地指导她。我希望她能把上半年的数字也填写进去，这在最终定稿的时候再告诉她就行了……

单纯的告知并不能传达真实意图

"我以为已经进行了有效的沟通，但最终交付的结果却出乎意料"——想必有许多领导者都有过上述经历。此时，他们就会责备下属在没有认真听从吩咐的状态下稀里糊涂地开展

60

出现了沟通障碍！

呃……也就是说

接收到的信息

以上半年的资料为基础简单完善一下就可以了，因此只需在周一当天一口气完成并加以确认即可。

通过明确后续任务来消除沟通分歧

为了有效防止沟通分歧出现并培养成员的独立思考能力，领导者可以让成员明确讲述自己将如何根据指示开展工作并协助他们调整工作思路。

工作。所以，仔细回顾自己的沟通方式是否存在问题非常重要。

　　特别是在面对经验尚浅的成员时，领导者必须在下达指示前明确工作目的、必要步骤和预期产出。一旦出现沟通分歧，不能简单地将所有责任归咎于对方，而应该确认自己的意图是否得以准确传达。一旦树立这种意识就会大大减少类似情况的发生。

具体操作？

『互动』是沟通的关键

了解信息共享技巧

×月×日×时×分进行确认

×月×日×时×分前进行提交

请于下周之前完成。

信息共享是一种不受重视的技巧。实际上，只要我们稍微花点儿心思关注具体的信息共享、彻底实现信息的可视化，并采用最恰当的团队沟通工具就能大幅提高工作效率和精准度。

形成共同语言和共同理解

为了防止出现沟通分歧等情况，我们需要形成共同语言和共同理解，并营造一种能够保证信息准确传达的环境。另外，如果能尽快找到机会当面洽谈是最为理想的。

改变对信息共享的认识

因为与他人共享信息是极为平常的事情，所以我们往往在不经意间就完成了。然而，信息共享的随意性正是沟通不畅的根源。沟通不畅的反复出现不仅会严重影响工作效率，而且会打击成员们的积极性。

为了防止信息共享出现失误，我们必须注意互动（双向）交流。此时需要注意诸多要点，如传达的信息是否充分、对方是否真正了

沟通不等于搞好关系

闲聊和聚会中的交流是为了让人际关系更为融洽，这与工作上的交流是两码事。请大家不要误认为"沟通"就是要搞好关系。

耶！耶！

这不同于工作交流哟！

提高对"杂相"① 的重视

最近"杂相"一词备受关注。信息技术（IT）工具的普及和远程办公的增加要求我们不得不再度重视"闲聊"和"商谈"的价值。

闲聊

在不确定特殊主题且随意的信息交流中往往存在着重要的商业启示。

商谈

上司和周围其他成员都可以成为商谈对象，这样就能有效防止问题的发生。

解自己的意图以及认识是否存在偏差等。事先形成共同语言和共同理解能够有效防止沟通不畅。

　　另外，我们还必须意识到商务沟通的目的并不是搞好人际关系。

---

① 原文中作者用了"杂相"一词，它是由"杂谈（闲聊）"和"相谈（商谈）"两个词的首字组合而成。为原汁原味地体现日本企业沟通文化，译者保留了"杂相"的译法。——译者注

灵活运用团队内部的「健康冲突」促使团队上下一心

什么是"冲突"？

"冲突"是指在一个团队或组织内发生的意见对立和利益矛盾。引发冲突的原因既包括预算和资源分配不均及其他限制等外部因素，也包括对抗意识和工作风格差异等个人因素。

冲突促进成长发展

许多人认为必须有效避免团队内部发生冲突，但如果领导者能够有效管理冲突就会带来诸多益处，如引发高质量的讨论或加深成员间的相互理解等。

64

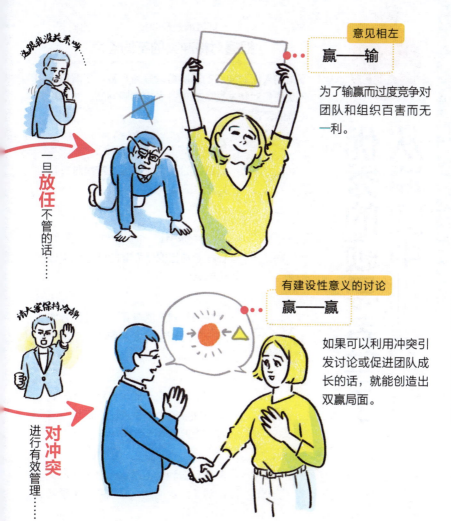

意见相左

赢—输

为了输赢而过度竞争对团队和组织百害而无一利。

这跟我没关系嘛……

一旦**放任**不管的话……

有建设性意义的讨论

赢—赢

如果可以利用冲突引发讨论或促进团队成长的话，就能创造出双赢局面。

请大家保持冷静啊

对冲突进行有效管理……

冲突管理的目的是将意见分歧转化为有建设性意义的讨论。首先，领导者自身要学会以积极的态度接受冲突并与成员们共享冲突管理的益处。我们要努力创造出一个既不争强好胜，也不回避对立的环境。健康的冲突才会促进成员和团队共同成长。

团队管理的奥秘❹：冲突管理（续）

图解管理学

优秀的领导者善于从冲突中创造利益

巧妙地处理冲突①
把握对待冲突的不同态度

不同的人面对冲突的态度可以分为 5 种。了解自己和团队成员对待冲突的态度并做出客观判断，才能进行正确的管理。

强制	把自己的观点强加给对方，对方容易产生不公平感。
妥协	双方共同寻找一个折中点互相妥协，往往会得出似是而非的结论或不理想的结果。
接受与服从	优先采纳对方的意见。这种两者选其一的处理方式会演变成"一输一赢"的局面。
回避	刻意逃避冲突矛盾。这种处理方式虽然能够避免发生冲突，但也会导致问题迟迟得不到解决。
协调	尊重双方利益，通过有建设性意义的讨论解决问题。这是冲突管理的最终目标。

把握冲突的本质

冲突管理的第一步就是要把握冲突的本质，即了解冲突发生的原因以及会引发的反应和状态。

冲突可以分为以下 3 种类型：①与任务和目标相关的冲突（任务冲突）；②与工作推行方式相关的冲突（过程冲突）；③人际关系中

66

掌握冲突管理的相关理论

在进行冲突管理时不能被情绪牵着鼻子走。因此，我们必须事先了解应对冲突的相关模式和理论。如果能够根据模式进行恰当处理的话就必然可以提高管理的精准度。

①采取"我们 vs 问题"的态度

之所以有人在面临冲突之时会采取"强制"或"接受·服从"等态度，是因为无形中已然建立了"成员 vs 成员"的模式架构。探明冲突起源并采取"我们 vs 问题"的态度才能够促成积极讨论。

问题就出现在这里！
让我们一起解决它！

②在团队内部营造积极氛围

只有在充满积极气氛的团队中才会频繁且活跃地交换意见。因此，采用"协调"的态度来管理矛盾冲突是非常重要的。即使双方意见相左也要认真倾听对方的观点并尝试共同思考。

真棒！

第三章 团队管理的奥秘

的情绪冲突 (情绪冲突)。①和②是有助于提高团队活力的积极性冲突。只有掌握了冲突的种类和性质才能知道应该采取何种态度。

另外，在面对必须认真处理的冲突时，只有那些能够依据理论做出合理应对并从冲突中创造价值的人才算得上是优秀的管理者。

了解自身属于哪一种领导者类型

像武将一样用愿景（目标）引导成员。

远见卓识型？

重视团队内部的工作氛围和人际关系，着力打造舒适的环境。

关系亲和型？

领导能力各不相同

提及领导能力，我们就会不由自主地构想出自己站在最前面带领团队的样子，但是领导能力类型是多种多样的。另外，我们不能因为身居领导之职而刻意套用某种领导类

自己作为"幕后推手"支持团队整体成员。

支持型?

领跑标兵型?

像马拉松领跑者一样时刻强调自己树立的具体目标。

领导者和经理有何不同?

这两种角色很容易被混淆，区别在于领导者负责对整体状况进行变革，而经理则负责将状况调整到最佳状态。我们必须根据实际情况有区别地扮演不同角色。

型，而是要寻找适合自己的领导风格。如果你不擅长走在最前面带领团队的话就选择"支持型"领导风格；如果你喜欢不辞辛苦的话就选择"领跑标兵型"领导风格……总而言之，我们要依据自身的长处和短处寻找最合适的领导风格。另外，根据对方的能力和性格有区别地发挥不同的领导风格也至关重要。比如，面对王牌成员要进行彻底跟进，针对新人则要进行一对一指导。

具体 操作？

拥有多种不同的领导能力

领导能力的 6 种类型

心理学家丹尼尔·戈尔曼（Daniel Goleman）提出了以下 6 种领导风格并解释了各自的特征和效果。

教练型
教练型领导者采用教练式思维帮助员工提升他们的技能，鼓励他们发挥自己的潜力和优势。这种风格适用于团队成员积极性高、能力强的情况。

远见卓识型
远见卓识型领导者通过塑造共同愿景激发员工的内在驱动力。这有利于充分调动员工们的自主性，允许他们向着目标努力拼搏和创新。

民主型
民主型领导者会将成员的意见反映在团队方针之上。这有利于发掘创新点和培养归属感，但会造成决策困难。

关系亲和型
团队领导者以亲和示人，注重建立和谐友爱的工作氛围，但有时会出现沟通成本投入与工作业绩不成正比的情况。

【番外篇】支持型
最近，领导者彻底致力于辅助团队成员的"支持型"领导风格也受到关注。

统帅型
领导者通过使用胁迫性压制力来实现其目标。这种领导行为风格在短期内能够提升工作效率，但会逐渐引发团队成员的不满并给企业文化留下负面影响。

领跑标兵型
领跑型的领导者始终专注于为其团队设定的具体目标，并躬身实践为团队树立典范样本。这种期望高且节奏快的领导风格不适用于能力低下的团队。

根据目标差异采取不同的领导风格

发挥领导能力也是团队管理的一部分。能否引导成员朝着目标前进是领导能力的具体体现。另外，如果你想要将领导能力作为一种手段加以运用的话就必须首先了解其类型和效果。

这是因为我们除了要根据自己的资质和对象的个性来区别使用

掌握知识的重要性

领导能力是一种手段和技能，但并非所有人都能熟练驾驭各种风格。但如果我们掌握了相关知识就可以在遇到困难时迅速地做出判断。学会从知识储备中汲取灵感有利于提高团队管理技能。

完全不知道该怎么办。

从理论上讲应该这样做！

知识匮乏

知识丰富

领导能力之实践篇③

学会如何点燃成员的热情

给平凡的工作赋予意义也是领导的重要职责

①给予适当的压力

不断给成员提出可以勉强实现的目标，这有利于激发成员潜能并促进他们成长发展。

②完全交给员工

如果你绝对相信团队成员并把工作全权交付给他们的话，就绝对不要在中途介入。因为人们在回报他人绝对信任的过程中会竭尽全力地完成任务，从而获得成长发展。

不同领导风格之外，还要根据工作阶段的不同灵活切换领导风格或者同时并用多种领导技巧。例如，你可以通过"关系亲和型"领导风格营造出一个心理安全感较高的环境，然后以"教练型"领导风格来陪伴守护那些未达成目标的成员，最后在发生紧急事态时还可以暂时以"统帅型"领导风格来寻求快速解决之道。

另外，学会如何激发员工的干劲儿也是非常重要的。

第三章 团队管理的奥秘

71

领导者不是管理者而是『队长』

队长要仔细

☑ 你要做到

时刻把握成员们的成长和变化。

上一个提案报告做得非常通俗易懂，客户给予了高度评价！

关注成员是领导者的一项重要任务

领导者或经理在培养后辈或下属的过程中要仔细观察每一位成员，认真倾听意见并同他们一起辛勤工作。简单说来，就是要成为一名优秀的"队长"。队长的工作职责就

是在现场最前线鼓舞队员发挥潜力并带领队伍走向胜利。为了最大限度地提高团队绩效，团队领导者必须发挥队长风范（在现场统率团队的能力）。

另外，对于没有取得显著工作成果的成员不要责怪他们能力有限或努力不足，而应该认真反思自己是否有效地激发出了他们的热情和潜力。通过这种方式逐渐拉近与成员们的距离也是"队长"的重要职责。

团队管理的奥秘❻：队长角色（续）

图解管理学

具体
操作
?

做好一名『队长』
应该做好的事情

队长角色之实践篇①
前日本国家足球队球员长谷部诚充分
展示了"队长风范"

在 2015 年亚洲杯四分之一决赛中，香川真司遗憾错失点球，日本队就此败北。沮丧的香川真司呆呆地站着痛哭，长谷部诚在看到这一幕之后跑过去抱着香川真司的肩膀鼓励他振作。这样的长谷部诚堪称优秀队长的典范。正是因为队长从不把失败的责任归咎于任何一名队员，他才能够带领团队成员们一往无前地迎接挑战。

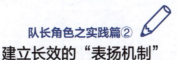
建立长效的"表扬机制"

辅助性业务经常被认为是理所当然的，但如果想要长期保持团队成员的积极性，就必须对一切努力和贡献及时给予认可和称赞。如果能够建立长期有效的表扬机制，那么团队自然就会充满活力。

第三章　团队管理的奥秘

领导能力和队长能力的区别

领导能力与特定的地位无关，它是所有人都渴望拥有的能力和技能；队长能力是指承担队长角色的个人所拥有的能力和技能。

75

管理他人需要掌握一定的"手段"

团队管理就意味着对他人要"有所作为"，
那么我们怎样才能让他们行动起来呢？

1

通过"语言"打动

对于那些原本就动力十足的成员，领导者只需通过语言描述美好愿景来引起他们的共鸣即可。此时切记不要单方面地传达想法及意图，而应该在认真听取成员意见的同时耐心地激发他们的热情。

2

凭借"人格"吸引

这种手段主要是通过加深与成员之间的信赖关系来使他们愿意为你尽心尽力地付出。领导者不仅要努力获得成员们的好感，而且要尊重成员并适时跟进他们的成长进步。另外，为成员们营造一种充满安全感的工作氛围也非常重要。

如果领导者连自我约束都难以做到，那么管理团队更是难上加难。为了最大限度地提高团队绩效，领导者就必须学习如何让他人展开行动而不能简单地臆想只要自己下达指示就一定会全部顺从。

常用的手段包括"语言"、"人格"、"价值"以及"报酬"等。除了"报酬"以外，其余的3种手段都是可以通过学习来掌握的。如果你在仔细观察对象的基础上采取恰当的手段就一定能够激发成员的干劲儿。

3

依靠"价值"鼓励

如果自己的工作受到称赞和认可，那么会感受到工作价值进而变得更加积极。但是，毫无根据的称赞只会让对方产生不信任感，结果就会适得其反。认真地评价成员的努力和成果是非常重要的。

番外篇

利用"报酬"激励

给予报酬是调动他人积极性的最佳手段。奖励工作成果或予以职位升迁都会极大地提升员工的贡献热情。然而，真正能够使用这些手段的只有极少数人，因此它不能作为常用的现实手段加以运用。

执行经理无法顺利开展工作的原因

　　执行经理是指优秀的成员同时兼任经理的角色。身居此职位的人不仅要完成作为一名普通职员的业绩，同时还要负责管理下属和项目，因此这是一个难度很高的职位。虽然这个职位在日本企业中十分常见，但实际上执行经理顺利发挥作用的案例并不多。

　　除了执行经理本身难以兼顾自身业务和管理业务之外，也会出现由于执行经理擅长领域有限而导致团队和现场无法实现优化等情况。

　　另外，由于执行经理都是能力极强的优秀员工，所以他们会顽固地坚持贯彻自己的处理方式。他们往往会要求下属采用与自己相同的处理方式，对于没有取得成果的下属便责备其能力不足。执行经理在遇到瓶颈的时候需要暂时把作为普通员工的角色意识放在一旁，然后以经理的身份与员工进行面对面交流。

　　经理的职业素养和作用与普通成员是全然不同的。因此，一旦被任命为经理就必须从根本上改变对工作的认知和处理工作的方式。

第四章

管理对象

本章将为大家详细讲解"时间""工作""信息"等管理对象及具体的管理方法。把握管理对象有利于大幅提升对管理的理解。

把握管理对象

为了精准地进行管理，我们必须细致地了解管理对象。接下来，我将为大家介绍多个对于商务人士而言非常重要的管理对象。

①时间

因为时间是管理的基础，所以我们必须了解时间的重要性和规划方法。

②工作

掌握高效率的工作处理方式，不能被工作牵着鼻子走。

工作

掌握了时间就等于掌控了人生

睡眠时间	办公时间		

家务·杂
兴趣·休息
学习时间

├─────── 24 小时 ───────┤

一事无成的人
把时间浪费在生产效率低且耗时较长或者与目标无关的事情上。

技能

- 英语能力 3 级证书
- 普通型汽车个人专用驾驶证

相同时间内技能水平有所差异的原因

掌握较高技能的人并非比他人更聪明,只是他们更擅长合理地利用时间。只要减少时间浪费并保持系统性的学习习惯,任何人都可以在做好本职工作的同时掌握更多的技能。

时间是最重要的商务资源

自我管理的基础是养成习惯,由此可知在所有的管理对象之中最重要的就是"时间"。时间是一种平等给予每个人的资

84

有所成就的人

为了实现梦想和目标，把时间集中在必要的事情之上。

技能

- 汉语水平考试 2 级证书
- 托业成绩 800 分
- 信息安全管理证书
- 市场营销三级证书
- 微软办公软件国际资格认证
- 普通型汽车个人专用驾驶证

24 小时

睡眠时间　办公时间　学习时间

家务·杂事
兴趣·休息

源，但在相同时间内创造的价值却因人而异。

因为忙于工作而减少睡眠时间是不可取的，我们要在充分保证睡眠、饮食、办公等必要时间的基础上巧妙地安排剩余时间，这样才能达到有效利用时间的目的。

如果你觉得没有时间提高自身技能，那么不妨检查一下自己是如何利用时间的。毕竟，现实生活中浪费时间的情况要比想象中严重许多。

通过『可视化』进行彻底的时间管理

时间管理之实践篇①

对工作的优先次序进行可视化处理

根据紧迫性和重要性对工作进行分类并对优先次序进行可视化处理，这样就能够有效地利用时间。如下图所示，我们要尽可能在①②领域投入更多时间并减少③④领域的时间投入。

艾森豪威尔矩阵

高 ↑ 重要程度 ↓ 低	**②重要但不紧急** 中长期目标 ● 考取资格证书 ● 培养新人或下属等	**①紧急且重要** 最优先的任务 ● 紧急故障处理 ● 重要的商务会谈等
	④既不紧急也不重要 应当削减的任务 ● 无意义的闲聊 ● 原地待命等	**③紧急但不重要** 可替代的任务 ● 日常性固定任务 ● 不重要的会议等

低 ←　紧急程度　→ 高

如何才能最大限度地有效利用时间？

有效利用时间的前提是必须掌握一定的知识和技巧。

其中之一就是对工作的重要程度进行可视化处理。那些说自己忙于工作而无暇顾及其他事情的人，往往会在不重要的任务上浪费太多时间。认真对待每一项工作固然重要，但我们也必须要想方设

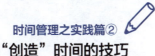

"创造"时间的技巧

巧妙地利用碎片时间就能够"创造"出更多可利用的时间。大家可以提前制定出一天的日程计划，然后再将只需 5~10 分钟即可完成的任务安排至碎片时间之中，这样就可以大大减少时间的浪费。

灵活利用碎片时间的相关示例

| 例会 | 碎片时间 | 碰头会 | 碎片时间 | 午休 | 业务办理 | 通勤 | 商务谈判 | 通勤 | 业务办理 |

回复邮件　　整理午后　　　　　　　核对文件　　阅读资格
　　　　　　　任务　　　　　　　　　　　　　考试讲义

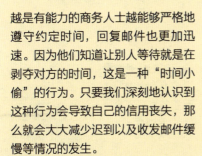

"时间小偷"不值得信任

越是有能力的商务人士越能够严格地遵守约定时间，回复邮件也更加迅速。因为他们知道让别人等待就是在剥夺对方的时间，这是一种"时间小偷"的行为。只要我们深刻地认识到这种行为会导致自己的信用丧失，那么就会大大减少迟到以及收发邮件缓慢等情况的发生。

法地提高效率。

　　对此，我建议大家灵活运用艾森豪威尔矩阵对任务进行分类。

　　另外一个重要的技巧就是合理地利用碎片时间。毫不夸张地说，能否掌握这一点就决定了作为一名商务人士的成与败。

　　优秀的商务人士不会浪费任何时间。只要你时时刻刻践行这一理念就必然能够在商务场合中赢得更多人的信赖。

严控泛滥成灾的业务数量

业务臃肿

必须完成的任务数量
正在持续增加，
而业务本身不会
自发消失。

应该以合理的方式开展工作

　　工作能力较差的人最常见的特征就是稀里糊涂地推进工作。如此一来，工作业务就会变得臃肿、停滞或者过剩。这不仅会造成大量的资源浪费，而且也无法取得工作成果。

業務过剩

想要超额完成工作任务的
奉献精神往往会适得其反。
我们要时刻注意不要让
奉献精神变成一种
自我满足。

业务停滞

一味地等待上司确认以及与
其他部门的沟通不畅会导致
业务暂停，解决这一问题需要
重新审视业务流程。

无论是个人还是团队都必须理性地开展工作，只有控制好业务
数量才能够创造价值。

在正式开展工作之前认真地思考工作目的并制定高效率的规
划，这就是所谓的"工作管理"。在工作中无法取得成绩并非因为
才干不足，而是因为缺乏妥当的工作管理。

只要保证合理的思维方式和工作方法就一定能够促使工作质量
发生切实的变化。

区分能够产生附加价值的工作和无用的工作

工作管理❶（续）

图解管理学

工作管理之实践篇①
明确工作的附加价值

附加价值是指工作过程中出现的额外价值。只要我们了解自己所从事的工作能够创造出怎样的价值，那么就可以轻松地把握重点从而提高生产效率。

附加价值示例

营业：提供相应的产品和服务以解决客户们的问题。

制造：高效率地生产制造高质量产品。

接待：为顾客提供舒适的时间和空间。

正确认识自身工作的价值

工作管理的一个重要前提就是要正确认识自身工作的附加价值。在此基础上，我们要将工作分为"能产生附加价值的工作"、"不能产生附加价值但必须完成的工作"以及"无用的工作"三种。

之后，我们要消除"无用的工作"并尽量减少在"不能产生附

发现并削减"无用的工作"

有时候觉得非做不可的工作其实是毫无用处的。日本企业一向重视产品质量且追求完美主义，然而这种企业文化体制往往会衍生出许多不必要的工作。另外，当这些无用的工作一旦呈现出增长趋势，我们就必须有意识地对其进行削减。

削减无价值工作的示例

过分追求质量

对会议记录和公司资料等要求过度的高质量是一种典型的无用功。不要在形式上耗费太多精力，而应该以内容取胜。

无效率的反复检查

待确认事项和传阅对象无端增加会导致大量不必要的检查工作出现，最终不仅会造成当事人的自主意识降低，也会影响到检查的精准度。

目标模糊的会议

议题和目的不明确的会议会造成工作时间的浪费，因此没有具体议题的会议应予以取消或削减。

第四章 管理对象

加价值但必须完成的工作"上投入的时间。因为上述两类工作会在无形之间浪费宝贵时间。另外，只要把时间投入"能产生附加价值的工作"之上就能够取得成果。

在推进"能产生附加价值的工作"的过程中也必须不断思考如何促使价值实现最大化以及如何最高效率地展开行动。如果你觉得自身能力有限，不妨尝试向外界寻求帮助。

敢于质疑工作流程

为什么工作量没有减少呢?

某位设计师修改会刊的次数居高不下……

1

因为客户提出许多修改意见。

这和我们的要求相去甚远。

"老方法"不一定是最合适的

如果我们始终无法减少失误发生频率或者总是花费严重超出预期的工作时间,那么就必须重新审视当下的工作流程。

那些在制定之初首选的最佳工作流程

会随着时间流逝而过时，并且单纯依靠负责人的个人努力是无法进行改善的。此时我们就需要重新审视整个工作流程并找出错误和故障原因，有时还需要回溯到上一个工作环节从根本上进行业务改进。

人们往往会误认为一线负责人与上一环节的工作无关，但是现场发生的故障往往是因为整体流程出现问题。因此，时刻关注整体流程优化是非常重要的。

工作管理❷（续）

工作管理的本质在于『源头管理』

图解管理学

工作管理之实践篇①
不要把错误仅仅归咎于现场

日本企业工作现场的精准性和缜密性是出类拔萃的。因此，在发生错误的时候往往只是从现场的角度出发试图自行解决。然而，规章制度和检查项目的持续增加导致工作现场岌岌可危。

找出错误出现的根本原因

在进行工作管理时，我们需要把握"源头管理"这一关键词。"源头管理"是制造业中常用的与质量管理和品质保证相关的专业用语，其具体内涵是指当商品质量出现问题时要追溯到上游工序来探寻根本原因以防止故障再次发生。

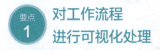

工作管理之实践篇②

如何对工作流程提出质疑?

接下来将为大家介绍质疑工作流程时需牢记的 3 个要点。

要点1	对工作流程进行可视化处理	可视化处理是把握整体工作流程的关键。我们不仅要关注自身工作,而且还要对前后工作环节进行认真审视。
要点2	探究出现错误的真正原因	我们不能仅仅对表面的问题进行"修补式"处理,而应该更深入地探究失误发生的根本原因。
要点3	谨防部分优化	我们不能因为考虑自身和自己所负责部门的利益而陷入"部分优化"的陷阱。

工作流程必定会过时

任何机器都会在缺少妥善保养的情况下出现故障。同理,再高效的业务流程如果得不到定期优化完善也必然会过时,从而导致生产效率下降。

第四章 管理对象

如果只站在问题现场的角度进行改进的话,很容易就会陷入"头痛医头,脚痛医脚"的境地。此外,检查核对和其他任务的超负荷增加会导致工作效率低下且成本大幅增加。

"工作管理"就是对工作流程进行合理怀疑并不断优化更新。无论多么高效的工作流程终有一天会过时淘汰。"唯书"和"唯上"的教条主义会导致思维的僵化。合理地怀疑现状并不断寻求更佳工作流程是成为优秀商务人士的必要条件。

图解管理学

把挫折和失败当作成功的垫脚石

一旦放弃挑战的话……

我实在坚持不下去了……

起点

把失败当作一次有意义的人生体验……

再来一次！

挫折和失败的前方就是成功

当我们在工作过程中遇到种种挫折和失败时，不要轻言放弃而要将其视为成长的助推器，这也是工作管理中的重要一环。

失败并不可怕，只要我们认真地分析

96

最终无法达成预期目标，
只能走向失败。

终点

再次挑战的话就会获得
成功。

完蛋啦!

原因并在接下来的工作过程中灵活运用这些经验教训，那么这些经历就算不得失败而是成功的必经之路或成长的助推器。由此可见，重要的不是逃避失败而是在失败之后认真思考应对方法以及如何防止此类问题再度发生。

建立"快速失败"机制

微软打出了"Fail Fast（快速失败）"的口号并将自身转变成为一家云技术企业。尝试各种创意并从失败经历中吸取教训，之后再次尝试新的创意，这才是通往成功的捷径。

失败是通向
成功的捷径。

盲目硬闯是大忌

不畏惧失败的态度固然重要，但如果一直重复同样的失败经历是不会获得任何成果和发展的。为了把失败转化为成长的助推器，就必须直面失败的原因并深入思考如何避免重复失败。

认真观察……

失败

图解管理学

掌握信息的种类和处理方式

正因为在收集信息的过程中历经艰辛，所以这些资料才显得弥足珍贵！

虽然从网络社交平台和论坛上获得的真假不明的信息在一定程度上可以为研究提供线索，但这些信息的有用价值极低。

虽然网络平台可以提供大量信息，但其中也包含了许多谣言和讹传，因此我们要小心甄别处理。

×× 百科

总结整理

第二手

第二手信息

信息的处理方式决定了工作成果

随着网络的发展，人们可以轻松地获取各种各样的信息。然而，如果想要从任何人都可以免费获取的信息中创造出新价值却难如登天。当我们想要了解未知事物的整体框

98

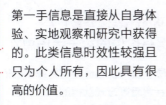

第一手信息是直接从自身体验、实地观察和研究中获得的。此类信息时效性较强且只为个人所有，因此具有很高的价值。

第二手信息是指从他人处听到或看到或是由他人收集的信息。另外，它还包括汇集专家见解的书籍和视频讲座等。

虽然是有益处的信息，但还不足以提供充分价值。

信息

第二手信息

如何区分使用信息？

第二手信息和第三手信息被视为获得第一手信息的预先准备。我们应该清楚地意识到任何人都能接触到的信息其价值必然非常低。

架或者广泛收集意见的时候，互联网成为获得信息的捷径。

　　像这样根据信息的质量和种类改变处理方法的行为就是"信息管理"。另外，我们可以根据信息的获取源对信息质量进行分类，从高到低依次为源于自身体验的"第一手信息"、从他人处获取的"第二手信息"以及来源不明的"第三手信息"。其中，只有通过自身体验获得的第一手信息才是解决问题的关键。

趋势非常重要 通过第一手信息把握事态发展

信息管理之实践篇①

如何获得有价值的第一手信息？

所谓"第一手信息"是指自己直接看到或听到的即时信息以及通过问卷调查等方式获得的信息。它主要是通过亲自体验服务或观察调查对象来获取，也可以委托专业调查机构进行收集。

获取第一手信息的相关示例

①亲自体验

通过实际体验来获取信息，例如排队品尝最热门的糖果。这种方式的另外一种好处在于可以追踪了解顾客体验。

②观察现场

通过观察现场可以获取顾客反应和相关操作等信息。这些信息有助于企业进一步满足顾客需求、改善运营业务。

③问卷调查

除了委托调查公司进行问卷调查之外，还可以通过人工智能对行为数据进行分析。这种方式比起①和②更有助于了解整个市场。

只有第一手信息才有助于把握事态发展趋势

信息管理的目的是创造新的商机或者预测业界的未来。为此，最重要的是依靠自身去寻找有价值的第一手信息。

已发布的调查报告和书籍等第二手信息往往以一种通俗易懂的形式呈现在人们面前，而第一手信息则需要对自己收集的信息进行

信息管理之实践篇②

了解第一手信息和第二手信息的优缺点

接下来让我们来看看第一手信息和第二手信息各自的优缺点。

优点	缺点	优点	缺点
● 信息独享 ● 可信度较高 ● 是解决问题和拉开差距的关键因素	● 需要投入大量的时间和精力来获取 ● 必须对信息进行解读	● 信息范围广且简明易懂 ● 容易获得	● 任何人都可以接触到 ● 容易过时 ● 精准度和价值参差不齐

信息管理之实践篇③

从第一手信息中把握事态发展趋势

把握事态的发展趋势是创意创新的关键所在，而这种趋势往往隐藏在令人感觉不顺利或者不方便的问题背后。另外，失败也有可能成为孕育创意种子的土壤。为了紧紧抓住事态发展趋势，我们需要对信息有敏锐的洞察力和丰富的想象力。

总结和筛选，因此需要投入大量的时间和精力。然而，信息的价值与获取的难易程度成正比。另外，通过彻底的现场调查和问卷调查来获得的最具真实感的第一手信息背后隐藏着未来发展的征兆。

利用第一手信息重点关注该领域尚未成熟的部分并解读今后事态的发展趋势是发挥第一手信息真正价值的关键。

第四章　管理对象

工作中不可忽视『情绪』

当我们无法控制

工作质量下降

烦躁不安会打乱工作节奏，缺乏自信会使人变得消极被动……情绪和工作质量是密切相关的。

积极性降低

一旦被情绪牵着鼻子走，就会因为别人的一丁点儿失误或轻微斥责等降低自身工作积极性和效率。

消极情绪对工作的影响

人们常说"在商业活动中感情用事者必败无疑"，但要控制好自身情绪并非易事。或许大家都曾经在被指出错误后深觉不安但仍然继续犯错误，也有可能因受到

情绪的时候……

周围人的士气低落
负面情绪会比想象中更容易传递给周围的人。自己的情绪甚至会影响到同事们的士气……

第四章 管理对象

斥责而怒火中烧。

然而，无法控制消极情绪不仅会导致工作质量下降，而且会招致他人的质疑和负面评价。

相反，积极情绪则有助于我们获得他人的高度评价。认真对待工作的人会互相吸引，从而拧成一股绳共同开创有价值的事业。

103

了解情绪的作用和表现方式

了解消极情绪的作用

在情绪管理方面，"愤怒"、"不安"和"忧郁"等消极情绪是较难应对的。不擅长控制这些情绪的人可以首先把这些消极情绪当作情感知识进行客观审视。

愤怒 = 让对方敬而远之

在感到烦躁和不快的时候表现出来的愤怒之情会让他人敬而远之。

不安与恐惧 = 疏远对方

想要疏远对方或者避开与对方接触之时，不安或恐惧的情绪会发挥作用。

悲伤与忧郁 = 向他人求助

当我们想向他人求助之时就会产生悲伤、心酸或痛苦等情绪。

了解情绪是管理的第一步

产生情感不是头脑（理性）的作用，而是心灵（情绪）的作用。控制心理活动的第一步是了解情绪。特别是在控制消极情绪方面，准确地把握情绪类型和运作机制是非常重要的。以愤怒管理为例，控制愤怒的第一步就是首先意识到自身的不安、恐惧和疲惫。

了解情绪的显露途径

最容易显现感情的三种途径分别是语言、表情和肢体语言。了解自己倾向于在哪些方面表达自身情绪有助于我们更好地控制自己。

容易流露感情的三种途径

①语言·语气

语言向来容易流露情绪，如愤怒之时发表的攻击性言论或者唐突不安之时的底气不足等。有意识地使用积极语言可以改善上述情况。

②表情

眉头紧锁或避开视线接触等面部表情容易给对方造成心理负担，因此我们日常要注意保持柔和的表情。

③肢体语言

最容易在无意识间表现情绪的途径是肢体语言。抱胳膊、抖腿和咂舌等动作都会给人留下消极的印象，因此需要特别注意。

第四章　管理对象

　　另外，即使你无法完美地控制自己的情绪，也可以通过控制自身行为把对周围人的负面影响降至最低。此时，我们可以一边努力地维持表面平静一边尽力地平复心绪。

　　情绪管理的目的终究是控制情绪的波动及对周围人的影响，这与改变性格或抑制情绪是两码事。

情绪管理的关键在于「客观审视」

情绪管理❷

图解管理学

你已经不是新人了，遇到可疑之处要及时主动确认。遇到问题不能简简单单说一句"我没听说过"就敷衍过去！另外……

如何客观地看待情绪？

尝试从确定焦点或第三者的视角观察自己所处的状态。另外，试着用语言将这种状况记录在笔记本或日记里也很有效，例如"被蛮不讲理地训斥令我感觉无比失落"等。

坦然接受情绪但切忌头脑发热

如果想要管理好情绪不但要坦然地接受情绪，同时也要客观地看待自己的态度和为此付出的努力。假设你是一个在工作中容易焦虑的人，那么你就要在接受这种焦虑情绪

的基础上把自己当作第三者来进行观察，继而就可以找出产生焦虑的原因，比如"自己在工作最繁忙之时又被委派完成其他不擅长的业务"等。如此一来，我们就能不受情绪影响地保持沉着冷静的心态。

在进行上述观察的过程中首先要做到接受自己的情绪，因为无视或否定自身感受反而更容易让情绪激动。养成客观审视情绪的习惯有助于我们把握自身弱点并加以改善。

情绪管理的积极影响

情绪管理之实践篇①
情绪管理应坚持适度原则

适度的消极情绪有助于我们保持谨慎态度，过度的积极情绪也可能促使我们骄傲自满、轻率处事。如此，保持适度的情绪状态是最为理想的。换言之，工作过程中要避免过度情绪化和感情用事。

> 无论是积极情绪还是消极情绪都要保持适度状态。

消极情绪也能带来积极影响

　　一旦你学会更好地管理自身情绪，那么就一定能够意识到情绪带来的诸多益处。关于积极情绪的有利影响已经在前文中进行详细论述，其实消极情绪也能带来积极影响。例如，不安的情绪可以促使我们思考问题更加周全，发怒则可以表明我们的认真程度。然

巧妙地利用"情绪感染"

个人情绪会感染周围人，而情绪管理也与团队管理息息相关。

消极情绪传播开来……

- 难以表述意见
- 思维消极保守
- 工作动力下降

积极情绪传播开来……

- 心理安全感提升
- 思维积极开放
- 建设性意见增多

第四章 管理对象

掌握传播积极情绪的相关技巧

欢快的表情和明朗的声音能够传达出积极情绪。反过来讲，如果我们能够时刻注意保持这样的言行举止就可以有意识地传达积极情绪。如果将此作为一种技能加以掌握的话还有利于改变团队和组织的整体氛围。

非常感谢!

而，无论消极情绪和积极情绪中的哪一方面超过适度标准都会令对方无法接受。"适度情绪化"是情绪管理的高级技巧。

妥善合理地控制情绪不仅能够提高自身水平，也有助于提升周围人的积极性和工作表现。成员之间能够相互分享积极情绪的团队更具有巨大潜力。因此，我们要有意识地通过语言和表情等工具把情绪管理的积极影响传递给周围的人。

图解管理学

非刻意的**关心**和事前**疏通**有助于商务活动顺利推进

良好人际关系产生良性

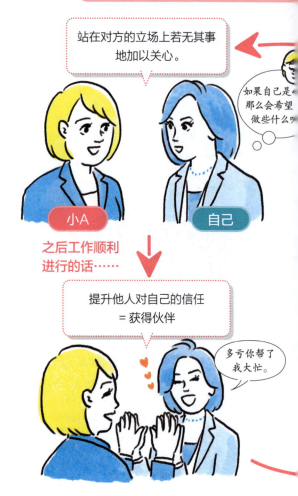

站在对方的立场上若无其事地加以关心。

如果自己是那么会希望做些什么呀

小A

自己

之后工作顺利进行的话……

提升他人对自己的信任＝获得伙伴

多亏你帮了我大忙。

关心、关爱和事前疏通有助于构建和谐的人际关系

为了保证商务活动的顺利进行，我们需要对同事加以关心的同时还要做好与上司的事前疏通工作。这种工作中的人际关系处理虽然复杂烦琐，但是我们仍然需要

循环的相关示例

持续的关怀会形成
良性互动

会带来更大的机会!

因为我推荐了他
参加此次大型项目。

一旦伙伴和粉
丝数量有所增
加的话……

对其进行恰当管理。

　　此时不要总想着讨人欢
心或搞好关系，而应该在恰
当时刻给予关照和帮助以保
证业务的顺利开展。关心、
关爱是实现目标的捷径。

工作是理性的，
关系是感性的

管理的基础是理性，但如果试图理性
地处理人际关系反而会使其变得更加
复杂矛盾。虽然我们应当理性地处理
工作业务，但在人际关系方面要体谅
对方的心情并做出相应的情感应对。

缺乏事前疏通会导致
自己原地踏步

"事前疏通"会让人不禁联想到日本企
业中的不良风气。然而，如果对方能
给相关人员面子，事先解决了复杂问
题，那么工作的进展就会非常顺利。
由此可见，事前疏通对于营造一个顺
利环境是至关重要的。

图解管理学

没有期望就会减少失望和困扰

一旦过度期望……

你委托给我的工作不能按时完成，很抱歉！

什么？我还以为你能马上完成呢！

如果没有期望的话……

我原本就想着可能无法按时完成，所以提前预留出了时间。

你委托给我的工作不能按时完成，很抱歉！

没关系，我现在有时间，可以帮助你

过度期望会适得其反？

　　虽然"期望"这一行为给人以积极印象，但是过度期望则会招致出乎意料的不满情绪和压力等负面影响。对期望值和与之相关的心理状态进行管理是非常重要的。

112

当现实低于预期时，不满情绪就会上升并干扰工作。

当现实与预期一致时就不会产生不满情绪，业务进度也会更快恢复正常。

管理期望值的诀窍在于既不要让对方抱有过高期望，也不要对他人期望过高，同时还要对自己抱有合理的期望。

如何合理控制他人对自己的期望值？

一旦他人对自己抱有强烈期望，那么当我们无法满足对方期望时就会让他们深觉失望。接下来我要为大家介绍如何合理控制他人对自己的期望值。

①敢于承认自身能力有限

应承无法做到的事情最终只会招致对方的埋怨。挑战固然重要，但是要切忌"鲁莽的挑战"。

②规避不擅长的工作

尽可能避免应承自己不擅长的工作，但是也要认真考虑这种逃避是否会成为其他成员的负担。

③把握对方的期望

如果你能准确地把握对方的期望，那么就可以精准地回应这份期望。

提高对自身的期望值

虽然我们应该控制对他人的期望，但必须提升对自身的期望值。不要总是因感觉自己碌碌无为而自卑，而应该为自己设定成长目标并期待自己做到哪种程度。只要你敢于踮起脚尖就能够突破自我并获得成长。

第四章　管理对象

践行管理的方法论

接下来我将为大家介绍如何在日常工作中
有效地践行管理理念。

图解管理学

1 确定目标

首先要明确管理目标，这要求我们在管理的
过程中不断仔细检查目标是否合适。

▼

2 仔细观察

观察自己所处的状况、资源和目标达成条件
等并思考哪些是必要因素。另外，团队成员
也是观察对象。

▼

3 收集信息

收集达成目标所需的知识、信息和其他资源。
能否收集到有价值的信息是决定管理成功与
否的关键要素。

▼

4 缜密分析

以观察和收集到的信息为基础从各个角度对
现状进行分析。此时要求我们进行理性客观
的思考。

前文已经介绍了管理的思维方式、单位和对象。如果想要将这些理论付诸实践并取得成果就必须事先掌握合适的方法。

首先要确定目标并观察现状，然后收集必要信息进行分析。在材料完备的情况下统揽大局并确定优先次序，然后再适当地执行有效措施——这是最为理想的流程。

如果流程中的某个环节出现问题，如目标不明确或者信息收集及分析不充分都会导致管理失败。由此可见，理性且恰当地解决问题是至关重要的。

5 统揽全局

以分析结果为基础重新评估达成目标所需的必要条件和现有资源。如果存在不足或矛盾之处则需要重新审视计划。

6 优先排序

一旦确定了应做之事，就需要按照优先次序对工作任务进行分类排序。此时要求我们确定哪些任务要委派他人、哪些任务要亲力亲为。

7 制定措施

制定出最有效且最可行的措施保证应做之事的顺利实施，此时也需要认真讨论行动计划和日程安排。

8 适当推进

恰当地执行既定措施。在执行的同时要持续不断地对其进行观察、分析和统揽，毫不懈怠地进行优化也非常重要。

管理的全貌

我们可以将第四章中介绍的管理要素整理成如下图。虽然我们人为地将其分为"与工作相关的要素"和"与人相关的要素",但是这些要素并不是独立存在而是紧密相连的。因此,在把握整体情况的基础上进行巧妙的管理是非常重要的。

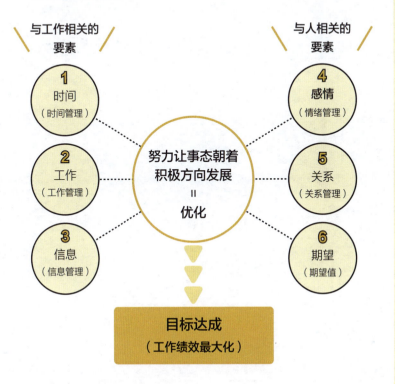

与工作相关的要素

1 时间（时间管理）
2 工作（工作管理）
3 信息（信息管理）

努力让事态朝着积极方向发展
＝
优化

与人相关的要素

4 感情（情绪管理）
5 关系（关系管理）
6 期望（期望值）

目标达成
（工作绩效最大化）

数字化时代的管理

随着数字化技术的发展，便利的工具层出不穷，但是管理的难度也在日益增加。本章将为大家介绍在远程办公状态下也能够有效发挥作用的数字化时代管理技能。

远程办公的优缺点 01

在远程办公模式下既有受益者也有受害者

远程化的后疫情时代对非专业人士的要求越发严格

在后疫情时代，我们无法时时刻刻看到对方的工作状态。因此，越来越多的企业会以最终成果来评价工作绩效。为了获得高度评价，我们就必须努力成为能够拿出高质量成果的专业人士。

	高 附加价值	
	幸存者 虽然有可能被人工智能所取代，但可以通过提供高附加价值的服务生存下来。	**关键人物** 技术无法被人工智能取代且具有较高附加价值的专业人才。
	无用之人 极易被新技术取代且无法提供附加价值的人员，是应当被舍弃的对象。	**普通人** 即使不能提供较高的附加价值，但他们也能设法在可替代性较低的职业中谋生。
	低	

高　　　可替代性　　　低

不仅要考虑在职场中的位置，还要考虑职业的"附加价值"和"可替代性"。

适应远程办公的必备素质

迄今为止，在办公室中开展工作是最为普遍的办公方式，但是远程化办公条件的成熟又带来了怎样的变化呢？

其中，积极影响主要包括企业可以削减办公成本并招募到优秀人才，员工则可以减少通勤时间、增加自由时间且不受办公地点限制地开展工作。

不能适应远程办公
必然招致损失

想必有许多人在远程办公的状态下因做不到足够自律而无法取得工作成果，并蒙受巨大损失。如果想要充分地享受远程办公的便利就必须足够自律且自觉地积极适应远程工作。

适应远程办公的人

1. 进行彻底的自我管理
2. 依靠自身力量推动业务发展
3. 恰当地进行"报联商"
4. 充分保证业务质量

按时开展工作

能够充分享受远程办公的便利。

不适应远程办公的人

1. 在独处状态下会变得懒惰
2. 缺乏监督和指导就不知所措
3. 无法做好任务管理
4. 不擅长在线沟通

再睡一会儿……

无法在远程办公的状态下取得工作成绩。

当然，这也会带来相应的消极影响。例如，企业必须加强信息安全保护措施，员工的归属意识降低以及人事评估难度增加等。此外，部分员工也会因为工作环境的变化和沟通不足而产生巨大心理压力。

能否顺利克服这些不良影响并适应远程办公的节奏成为区分"受益者"和"受害者"的关键。

远程化技术会

沟通
不单纯是将面对面沟通替换为邮件沟通，因此不擅长在线交流的人要特别留意。

评价与培养
如何对身处视线之外的下属们给予评价呢？在远程化时代培养人才也需要与时俱进地创新方式。

心理呵护
远程化办公也会带来新的烦恼，但此时领导者既无法与成员轻松地展开交谈，也无法从表情和态度上察觉细微的情绪变化。那么该如何应对呢？

改变管理结构吗？

远程办公不仅意味着工作场所的改变，就连管理的难度和复杂性也逐步提升。因此，管理能力水平的高低在很大程度上决定工作绩效。

任务管理

人们在远程办公的状态下只能依靠自身进行自我管理，这就要求我们具备较强的任务管理能力。

工作环境

与办公室不同，家庭并不是适合开展工作的场所。因此，调节整理家庭环境也是远程办公的重要一环。

123

远程办公的优缺点 02

远程办公现场的具体情形

2020 年 4 月之后的远程办公实施率提升约 2.5 倍

以新冠疫情紧急事态宣言为开端，远程办公的实施率不断增加。虽然个别普及率会随着行业差异和社会形势的变化而有所增减，但可以预见今后远程工作技能将成为必备素质。

不同行业的远程办公实施率

行业	正在实施	讨论实施	无实施计划
整体	67.3%	9.7%	23.0%
制造业	70.7%	10.8%	18.5%
建筑业	61.9%	27.2%	27.2%
批发业	67.7%	15.5%	16.8%
零售业	44.4%	6.7%	48.9%
服务业	68.4%	6.8%	24.8%

■ 正在实施　■ 讨论实施　■ 无实施计划

资料来源：《关于远程办公实施状况的紧急调查表》，东京商工会议所。

远程办公的现状

在当今社会形势下快速发展起来的远程办公模式必然会存在很多缺点和问题。

目前远程办公所面临的主要问题包括"沟通不足"、"工作环境不完善"、"归属感下降"、"对业务评价充满不安"以及"难以划清工作和私人生活的界限"等。在解决这些问题方面，管理学知识同

依然面临许多挑战吗？

远程办公的缺点

对于许多日本企业而言，远程办公仍处于起步阶段。由于目前远程办公的弊大于利，所以很多人都改去办公室上班了。

家里的环境不适合开展工作。

喵喵喵
呜呜呜

如何解决远程办公中存在的问题？

要解决远程办公面临的问题，不仅需要个人的努力，也需要公司方面的协助。双方必须同心协力地迎接挑战并解决问题。

很难划清工作和私人生活的界限。

面对工作视若无睹……

与公司内部员工和外部人员沟通均存在困难。

听不清楚……
呃……
明天……
啊……

样可以发挥作用。我们可以通过“整理整顿”和“优化”等一系列措施让居家环境更加适合远程办公，这样即使独处也可以通过自我管理来提高工作效率。另外，我们还可以利用团队管理的思维方式来提升沟通质量。

当下远程办公所面临的问题日益突出，因此提高每个人的管理能力刻不容缓。

变革意识

管理者和被管理者都将

被管理方

需要掌握较高的
自我管理能力。

> 在上司和前辈都
> 不在的状态下该如何
> 开展工作呢?

> 我能否在家里
> 正常工作呢?

> 如果遇到不懂的
> 问题该怎么办?

掌握相关技能以适应远程办公

随着工作方式的变革,被管理者需要具备相应技能以保证自己即使身处没有上司和前辈的环境中也能够自律地开展工作。与之相对,管理者则需要掌握一定的技巧才能够管理好那些身处视线之外的下属和团队成员。

管理方

对无法直接接触到的员工进行管理
需要掌握一定技能。

下属在看不见的地方
有没有认真工作呢?

如何才能很好地照顾
那些不适应远程
办公的人呢?

如何避免业务
经验不足的人被孤立?

　　无论身处哪种立场,我们都需要具备不同于以往的新技能。这些技能可以被称为"数字化时代的管理技能"。

　　那么,我们应该把重点放在哪里才能够保证远程办公的顺利开展呢?从下一节开始,我将从"下属篇"和"上司篇"两个角度对数字化时代的管理进行解说,并介绍数字化时代必须掌握的新技能。

远程工作中的自己就是"一把手"

依靠自身创造工作氛围和掌握节奏

在原本作为生活空间的家中开展工作，关键在于转换心态。我们要找到能让自己充满干劲儿的技巧并加以联系。

我就是『一把手』。

从今天开始

远程办公是一场与懒惰的战争

远程办公最大的敌人就是自己的懒惰之心。如果想要居家高效地开展工作就必须具备极强的自我管理能力。即便是那些在办公室中能够积极融入工作氛围的人在独处之时，也会不自觉地沉迷手机或者在开始工作之前浪费大量时间……

确定能够保障业务顺利开展的工作节奏

只要敢于实践就能成为远程办公高手！
接下来将为大家介绍如何在家掌握合理的工作节奏。

把握节奏之实践篇·01

设定上班时间和下班时间

和办公室一样设定上下班时间可以有效防止工作拖拉。我们要尽力保障工作和生活张弛有度。

早上好！　　辛苦啦！

把握节奏之实践篇·02

换上适合工作的服装

建议不擅长转换心情的人在家也换上西装，这种仪式感有助于提升工作动力，调整工作节奏。

把握节奏之实践篇·03

设定午餐时间和休息时间

远程办公管理也必须以"时间"为基础来创造一个按部就班的工作环境。

再坚持5分钟就可以休息啦！

打破这种局面的有效方法是把自己想象成为"一把手（上司）"并确定好能够保障业务顺利开展的工作节奏。

你需要按照前文所述养成合理的工作习惯并创造适合自己的工作氛围和节奏。是否会受到懒惰心理的影响直接关系到工作质量的好坏，因此提高自我管理意识是必然的。

营造妥善的办公环境

如何在家中营造妥善的工作环境?

    保证远程办公取得成果的第一步就是<u>整顿好家里的环境</u>以保证工作的顺利进行。在远程办公之初必然会遇到种种不便,比如由于工作空间狭窄而不得不把电脑搬到餐厅或者因为网络环境不佳而无法参加视频会议等。因为对于大多数人来说,家就是下班回家休息以调整疲惫身心的地方。与办公室不同,<u>家原本就是不适合办公的</u>

营造能够保障业务顺利开展的工作环境

接下来将为大家介绍改变环境的 3 个基础技巧，
让我们一起对充满诱惑的工作环境说再见！

创造环境之实践篇·01

整理工作空间

在工作空间内只摆放电脑和资料等与工作有关的东西。如果能够在生活空间之外再确定一间办公专用房间的话是最为理想的。

创造环境之实践篇·02

收纳好与工作无关的东西

如果不能确定办公专用房间的话，就把电视机和漫画等妨碍专注的东西收纳起来。另外，重新布置房间摆设也是不错的选择。

创造环境之实践篇·03

制作工作专用箱

把小工具和文件等工作用品放在箱子中，打开箱子就意味着工作的开始。

场所。

那么，我们应该从哪里开始进行整理呢？第一步就是整理工作空间，具体做法是把桌子上与工作无关的东西收纳起来使之类似于办公桌。一看到电视和书架就会分心的人可以设置一张面向墙壁的办公桌。

另外，如果你在家里也践行"2S"理念的话，那么就可以进一步提高工作效率。

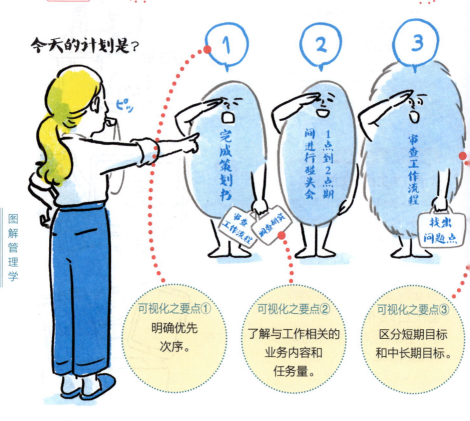

数字化时代的
管理实践

下属篇
03

图
解
管
理
学

对工作的优先次序进行可视化处理

今天的计划是？

ピッ

1
完成策划书

2
1点到2点期间进行碰头会

3
审查工作流程

审查工作流程　调查研究

找出问题点

可视化之要点①
明确优先
次序。

可视化之要点②
了解与工作相关的
业务内容和
任务量。

可视化之要点③
区分短期目标
和中长期目标。

彻底管理待办事项

　　如果身处办公室可以针对每项工作事无巨细地请示上司，但在远程办公的状态下我们**必须依靠自身来决定工作内容、工作时间及工作方式。**

　　要做到这一点，首先需要确定待完成工作并对工作量和优先次序进行可视化处理。此时，前文中所介绍的待办事项清单相关技能

对工作进行可视化处理

接下来将为大家介绍制作待办事项清单等一系列
"可视化"相关技巧。

可视化处理之实践篇·01

制作待办事项清单

可视化处理的一大重点就是制作待办事
项清单。我们只要以第二章介绍的内容
为基础根据自己的喜好进行调整即可。

可视化处理之实践篇·02

确定任务完成期限

我们不能一直抓着没有明确期限的任务
不放，而应该给自己设定期限并时刻留
意完成时间。

可视化处理之实践篇·03

请上司审查工作日志

如果担心有遗漏的任务和不完善的地方，
我们可以向上司或前辈提交工作日志以
供检查。

就有了用武之地。时刻准备好待办事项清单成为工作能人的必备条件之一，而不擅长任务管理和日程安排的人则更应该用心制作待办事项清单。

在明确了待办事项之后就要明确规划以保证最高效率地完成工作。规划的好坏会影响工作质量和速度。如果你在远程办公过程中遇到种种困难，那么极有可能是因为忽视了工作的可视化和统筹规划。

勤于报联商以
提升商谈水平

联 络

向有关部门沟通汇报
必要信息。

报 告

简单易懂地将自身情况
传达给上司或领导。

商 谈

遇到困难应尽快与
对方商谈。

**商谈高手的
工作效率更高？！**

如果遇到依靠自身力量无法解
决的事情，那么就要主动借助
他人的智慧和力量。因此，知
道该向谁询问问题的"商谈高
手"工作效率更高。

报联商比以往任何时候都重要

报联商既是商务人士需要具备的基本素质，也是维持办公正常
运营的必备条件。另外，在彼此无法切身接触的远程办公模式下，
报联商的重要性越发凸显。

在远程工作期间，管理者无法看到下属在做什么，因此他们会
时常担心做法是否正确或者有无问题发生。另一方面，做好报联商

为了帮助大家成为深受他人信赖的商谈高手，
接下来我将介绍商谈诀窍。

巧妙商谈之实践篇·01

通俗易懂地说明现状

进行商谈之时必须说明什么时候发生了什么问题。此时我们可以通过"5W1H"的方法进行整理以便于理解。

巧妙商谈之实践篇·02

切忌将判断主动权全然赋予对方

在遇到难以抉择的事态时切忌将判断主动权完全丢给商谈对象。如果你不主动提出自己的意见和想法，就会变成单纯的等待指示。

巧妙商谈之实践篇·03

避免感情用事

虽然人们遇到烦恼时很容易感情用事，但我们在商谈过程中要始终坚持以事实为基础，因为感情用事只会妨碍做出正确判断。

有助于获得上司的信赖，从而促使上司委派给自己更重要的任务。

　　然而，盲目的报联商只会加重上司和周围人的负担。因此，我们需要在恰当的时刻进行必要的报告，同时还要在联络之前对信息进行简单易懂的汇总。

　　另外，在报联商中最重要的就是"商谈"。遇到困难的时候尽早商谈并及时得到建议是一条亘古不变的规则。擅长商谈是有能之人的必备条件。

第五章　数字化时代的管理

通过数字工具
提高工作效率

数字工具的作用

提交任务完成报告并
咨询相关反馈意见。
→项目管理工具
→在线日历工具

想要请教公司前辈。
→聊天工具

通过线上服务
补充线下不足

在线服务的作用更多
是对线下进行替代和
补充。但是，今后依
托在线才能完成的事
项会逐渐增加。

下午 1 点开始召
开企划会议。
→视频会议工具

把制作完成的资料上
传云端进行提交。
→云服务
→在线文档服务

熟练使用数字化工具成为必然趋势

　　数字化工具与远程办公有着密不可分的联系。即使在办公条件
不完备的家里，只要能够熟练使用数字化工具也可以显著提升工作
效率。相反，在办公室里活跃的人也往往会因为不能熟练使用数字
化工具而降低工作效率。

　　然而，如果你拥有了强大工具却没有掌握相关使用技能的话，

数字化工具会在哪些方面对远程办公发挥作用呢？接下来将为大家介绍常用的数字化工具和活用示例。

①如何咨询细小问题？

聊天工具比电子邮件更适合休闲交流且有利于沟通一些细小问题。

工具示例

Slack   Chatwork

等

②通过视频会议解决复杂问题

在进行复杂商谈或信息共享时可以借助视频会议工具，因为它可以实现面对面交流以防止误解出现。

工具示例

Zoom   Microsoft Teams

等

③日历工具有助于合理安排会议

通过日历工具可以轻松地共享工作计划和设定会议。另外，活动邀请功能还可以防止传达遗漏。

工具示例

Google Calendar   Time Tree

等

④通过数字工具对烦琐的项目管理进行可视化处理

由于个别作业的增加，对项目进度进行可视化处理也越发重要。灵活运用工具有利于削减管理成本。

工具示例

Backlog   Trello

等

第五章　数字化时代的管理

最终无异于暴殄天物。另外，"我不擅长使用工具""交给擅长的人去做会更快"一类的借口在今后会越发行不通。

即使是相似的工具也会因为目的差异而适合于不同领域，因此把握各种工具的使用方法成为必备素质。数字化工具和其他商务技能一样，需要经过不断的练习才能掌握。

巧妙地区分应对
现场办公和远程办公

现场办公的作用
面对面更容易根据对方神情和
态度推测其烦恼和健康状态等
信息。

远程办公的作用
尝试进行随意的交谈，即使时间
短也没有关系。另外，越是经验
不足的部下越要给予关心。

现场办公和远程办公的作用及功能不同

如果在远程办公模式中因为看不到下属的实际行动而过度管理的话，那么管理方和被管理方都会感觉身心俱疲。

因此，了解现场办公模式和远程办公模式之间存在的特性差异并有区别地灵活使用是至关重要的。例如，你可以利用远程模式来有效地处理与工作相关的问题，然后再通过面对面的方式来进行心理健康呵护。

保持恰当距离的管理技巧

为了避免上司和下属在远程办公过程中出现心力交瘁的情况，我们需要掌握一定的管理技巧。

距离管理技巧之实践篇·01

仔细观察下属们的神色言谈

由于日常闲聊的机会急剧减少，所以我们必须要比以往更加关注下属们的状况，例如他们的表情是否阴沉、是否变得沉默寡言等。

距离管理技巧之实践篇·02

敏锐地感知事情发生的"预兆"

如果你注意到下属最近很少汇报原本非常重要的工作进度或者在会议中极少发言的话，就需要预料到异常事态即将发生。

距离管理技巧之实践篇·03

减轻心理压力

为了在远程办公模式中也能够保持较低的心理压力，管理者要有意识地增加接触机会以营造出轻松融洽的商谈氛围。

此外，我们还需要留意人与人之间的"距离"。这个"距离"可以分为基于信赖关系的"心理距离"和基于见面频率的"物理距离"，两者是互补关系。只要心理距离近，那么即便物理距离再远也能够进行交流。然而，如果心理距离较远的话就只能通过拉近物理距离来进行弥补，具体来说就是要经常见面。

明智地区分远程办公和现场办公并引导部下进行自我管理，是领导者必须具备的管理能力。

根据下属的能力灵活改变远程办公管理方式

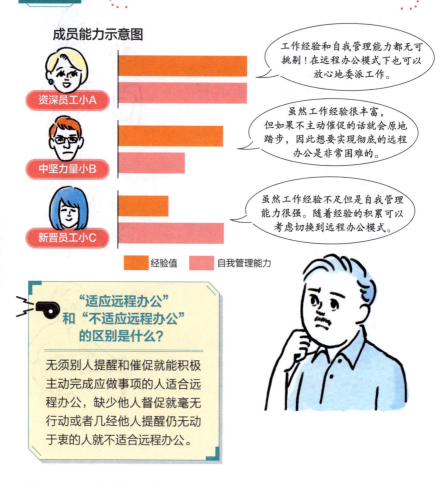

成员能力示意图

资深员工小A

工作经验和自我管理能力都无可挑剔！在远程办公模式下也可以放心地委派工作。

中坚力量小B

虽然工作经验很丰富，但如果不主动催促的话就会原地踏步，因此想要实现彻底的远程办公是非常困难的。

新晋员工小C

虽然工作经验不足但是自我管理能力很强。随着经验的积累可以考虑切换到远程办公模式。

经验值　　　自我管理能力

"适应远程办公"和"不适应远程办公"的区别是什么？

无须别人提醒和催促就能积极主动完成应做事项的人适合远程办公，缺少他人督促就毫无行动或者几经他人提醒仍无动于衷的人就不适合远程办公。

远程办公的形式因人而异

就像有些工作适合远程办公，有些工作不适合远程办公一样，员工也可分为"适合远程办公"和"不适合远程办公"两大类。

例如，擅长举一反三的人即使没有上级的管理和监督也能够独

如何决定远程办公的比重？

该对象是否适合远程办公是决定工作
分配比重的重要因素。

确定工作分配比重之要点·01

把握下属的类型

根据对待工作的态度将下属们分为"无须提醒
的积极主动型"、"必须提醒的消极被动型"和
"几经提醒也置之不理的无动于衷型"等类别。

无须提醒也能够
正常开展工作。

缺少他人催促就不
能顺利完成任务。

确定工作分配比重之要点·02

考虑工作经验

经验不足或一知半解的人在最初阶段必须在办
公室里积累经验。在习惯工作流程之后，管理
者再根据员工类型决定任务分配比重。

真的没问题吗？

确定工作分配比重之要点·03

考察最近工作表现

工作表现出色的人更容易获得上司的信任且沟
通也更加顺畅，因此有可能被分配更加重要的
工作任务。

信任

立地完成工作，因此他们非常适合远程办公模式。然而，对于自我
管理能力不足且需要管理和监督的员工，选择远程办公模式可能会
降低工作效率。因此，上司必须根据每个人的特性和能力来确定远
程办公的比重和实施方法。经验丰富且自我管理能力较强的人以远
程办公为主，而自我管理能力较强但经验不足的人则需要在一定时
期内从事办公室工作以积累经验。另外，团队成员是否支持居家办
公模式也是必须要考虑的因素。

通过明确的业务指示
锻炼"交办能力"

任务交办技巧要点

管理者在向下属交办工作任务之时必须明确截止日期、提交方式、成果形式以及完成进度等要素，否则就会在提交当日收到令人大跌眼镜的结果。因此，大家必须充分意识到沟通的重要性。

日期

步骤顺序

质量

完成进度

业务目的

提交方式

参考资料

业务

图解管理学

交办任务的相关技巧

在现场办公模式中下属近在咫尺，因此管理者可以一边观察其办公状态一边下达详细指示。然而，在远程办公模式中只能把工作全然委派给下属。另外，心情愉快地把工作交办出去需要掌握一定的技巧。

其中，最为重要的是保证下达的业务指示必须明确易懂。对于经验不足的下属而言，模糊的指示只会让他们无从下手。因此，管

锻炼"交办能力"的相关技巧

交办任务的难度远远超出我们的想象，
接下来我将为大家介绍三个相关技巧。

任务交办能力之实践篇·01

欣然交办

如果我们在交办任务之时显露出一副无可奈何
神情，那么下属的自信心和自律性就无法得到
提升。因此，满怀期望地将任务欣然交代给下
属是非常重要的。

任务交办能力之实践篇·02

尽可能把业务分解成具体任务

粗略模糊的指示只会让下属无从下手，最终会
造成时间的浪费。管理者要尽可能地把业务分
解成操作性较强的具体任务。

任务交办能力之实践篇·03

确定授权范围

向充满干劲儿的下属委派任务之时要适当扩大
授权范围，这样能激发对方燃起更强的斗志。

理者有必要将业务分解成具体可操作性任务，并根据下属的能力和
积极性来确定授权范围。如果能够恰当地交办工作，那么下属在完
成工作的同时也会产生自信，从而实现更高水平的自律。

　　如果下属在切换到远程办公模式后工作表现不佳，那么管理者
在责备其能力不足之前，有必要回顾一下自身交办任务的方式是否
存在问题。

管理风格要从"统帅型"转向"教练型"

业务指导的三大原则

我们必须提前了解并掌握业务指导的
三大原则

互动
（双向）

持续前进
（现在进行时）

量身定做
（个性化对应）

**授人以鱼不如
授人以渔**

直接告知问题答案的行为
就是"教授"。然而，虽
然告知答案可以迅速解决
个别问题但会阻碍下属的
成长发展。

图解管理学

引导下属的相关管理技巧

迄今为止，上司通过指示和命令来调动下属的"统帅型管理"是主流。但是，下属必须等待上司指示的统帅型管理模式在远程工作中效率极低。如果想让下属在远程办公模式中取得成果就必须向"教练型"模式转变。

所谓"教练型管理"是指上司不直接告诉下属解决方法而是在

144

管理中不可或缺的指导技能

接下来将为大家介绍培养下属自主性的
代表性指导技巧。

业务指导之实践篇·01

认真倾听下属的发言

最重要的是认真倾听对方的发言。如果双方
是上司和下属的关系，那么管理者就要有意
识地认真倾听并促使下属踊跃发言。

业务指导之实践篇·02

表扬主动寻求解决之道的行为

管理者不仅要褒奖下属解决了问题，而且还
要对寻求解决之道的行为本身予以表扬。这
样有助于鼓励下属继续开动脑筋思考问题。

业务指导之实践篇·03

经常性地进行进度评估

通过让下属对任务进度进行评价有助于回顾
以往工作和把握现状，关键是要保持积极倾
听的姿态。

双向交流中引导下属进行独立思考来寻求问题解决之道。

　　换言之，今后即将负责下属和团队管理的上司必须掌握指导
技能。

　　当下属遇到棘手问题时，管理者要忍住直接告知解决方法的
冲动并耐心地指出问题所在，然后再引导下属依靠独立思考找到
解决问题的线索——这才是远程时代的高超管理。

145

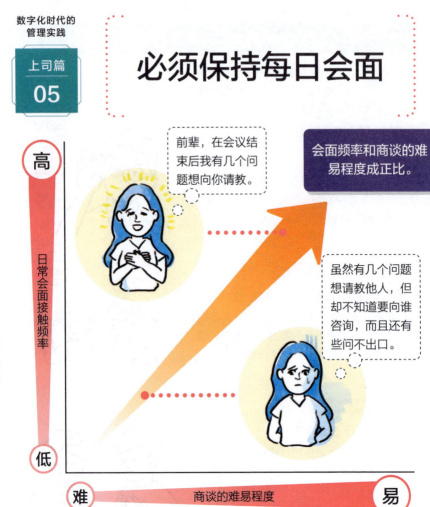

每日会面的益处

与现场办公相比，远程办公不可避免地会减少沟通量，甚至会连续几天都无法见到彼此。这样一来，团队成员之间就会产生心理隔阂，相互之间的沟通也会变得困难，进而陷入无交流的恶性循环。这种情况会导致工作效率和创新能力持续下降，因此我们必须要尽力避免。

如何保证每日会面？

每个人都有各自的工作，想要做到每天见面并非易事。
那么我们到底应该怎么办？

每日见面技巧·01

设立早晚间会议

工作繁忙的时候增加会议的确会令人感觉
辛苦，但是如果确定好早晚间会议时间的
话，就可以将其纳入日常活动之中。

每日见面技巧·02

缩短会议时长

如果会议时间过长就会妨碍其他业务。为
了减轻与会者的负担，我们要尽可能地在
短时间内结束会议。

每次会议时长保持在 10~15 分钟即可

每日见面技巧·03

借助聊天工具进行闲谈

创建一个聊天专用的群组并营造出轻松的
日常对话环境，这样就能达到日日会面的
效果。

对此，通过视频会议工具等积极地创造会面机会是非常有效
的。即使时间很短，只要每天会面就能够减少心理隔阂从而使交流
更为顺畅。

另外一个好处是可以注意到下属们的细微变化。因此，管理者
必须认真地考虑如何保证每天见面以及要讨论的内容，然后再付诸
实际行动保证团队的正常运行。

通过"导师制"来凝心聚力和培养人才

图解管理学

设立导师制

- 遇到一知半解的问题就向导师请教吧!
- 共同探讨有没有更高效率的解决办法!
- 可以向我咨询任何问题哟!

- 可以安心地集中精力开展工作
- 技能提升迅速

未设立导师制

- 对自己的方法毫无自信……深觉不安呀……
- 我应该向谁请教呢?

- 容易感到不安和孤独
- 技能难以提升

创造有效防止"分裂"和"孤立"的工作环境

经验丰富且自我管理能力较强的人选择远程办公,而经验不足的新人则需要在办公室内开展工作。工作场所的不同会导致老员工和新人难以接触,因此很难达到培养人才的目的。然而,如果所有人都在办公室上班的话就会导致远程办公的优势大幅减弱。

解决这个问题的有效方法是设立"导师制",即要求具有丰富

如何设立导师制度？

我们该如何设立导师制度以提高团队和
部门管理水平呢？

第五章 数字化时代的管理

设立"导师制"之实践篇·01

导师不是上司而是前辈

设立"导师制"的目的是防止分裂和孤
立。选定导师的时候需要充分考虑他们
的平易近人和坦诚相待的特征。

> 前辈
> 1. 可以轻松提问
> 2. 坦诚相待

> 上司
> 1. 不易沟通
> 2. 立场和观点不同

设立"导师制"之实践篇·02

考虑想要提升的技能

在决定"导师—学生"结对搭档的时候，如果
能够充分考虑到导师擅长的领域和被指导者想
要提高的技能，就可以更有效率地培养人才。

策划能力较强的A女士　IT技能极高的B先生　擅长销售的C女士

应该选择哪位当导师呢？

设立"导师制"之实践篇·03

要求导师灵活应对处理

为了建立一个能够根据需要及时提出建议的沟
通机制，要求导师根据被指导者的情况灵活地
做出对应。

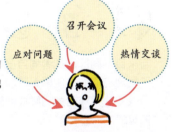

召开会议　应对问题　热情交谈

工作经验的人（导师）和经验水平较低的人（被指导者）组成搭档。
被指导者遇到不懂的问题可以向导师提问，导师则需要向被指导者
提供工作诀窍等建议以有效防止分裂。由于"导师制"必须具备平
易近人及坦诚相待等特征，因此选定的导师最好是与被指导者年龄
相近的老员工。作为管理人员的上司要尽量避免充当导师角色。

当然线上提出建议等沟通方式也是可取的。

最重要的是不要让下属感觉自己被"孤立"。

数字化时代的
管理实践

新技能
01

创造公共空间或茶水间等"非正式场合"

图解管理学

"非正式场合"的作用

信息交换

可以获得在公开场合难以获得的信息，如其他部门的项目内容、某项业务的以往案例以及难缠客户的喜好等。

创意发掘

与来自不同部门或者同自己持不同观点的同事闲聊，可能会激发新的工作创意和解决问题的灵感。

轻松交流

闲聊有助于转换心情和消除压力。在公共空间或茶水间闲聊也是和与自己工作无关的人成为好朋友的机会。

在线也可进行"闲聊"

随着远程办公的普及，"非正式沟通"的频率正在逐渐降低。与邻座的同事随意闲聊、在走廊擦肩而过时浅谈几句、在茶水间说些闲话……这些闲聊制度虽然不是官方设置的，但却发挥着出乎意料的重要作用。非正式沟通不但有利于激发工作灵感，而且还可以消

150

"非正式场合"的创造方法

接下来将为大家介绍两个在线创造
"非正式场合"的方法。

开设在线午餐和在线茶话会

事先召集参加者并按照发言积极
程度将其分配至不同的聊天群组。
此外,还必须允许参加者随意加
入或退出,降低参与的障碍。

创建闲聊专用群组

因为在以业务联络为主的群组中
不方便闲聊,所以我们可以分门
别类地创建"电影""音乐""漫
画"等闲聊专用群组,这样更容
易让气氛热烈起来。

第五章 数字化时代的管理

除员工之间的隔阂。如果没有了非正式沟通,工作中的人际关系就
会变得冷漠僵硬。

因此,管理者必须有意识地创造一个非正式交流的场所来让
成员们在网上也能够进行轻松闲聊。在创建过程中要特别注意闲聊
的轻松度和参与的便利性,例如建立闲聊专用群组或组织线上午
餐等。

提高在线会议
质量的"建导①技巧"

在线会议过程中充满不安

在线会议与离线会议存在差异

虽然使用视频会议工具进行在线会议已经变得非常普遍，但许多人仍然抱着和线下会议一样的态度参加会议，这必然会导致讨论的质量下降。

在线下会议中，因为所有人都处于同一个场合，所以每个人都

---

① 指通过创造他人积极参与、形成活跃氛围，从而达到预期成果的过程。——编者注

提升在线会议质量的"建导技能"

接下来将为大家介绍在未来商务世界中
越发重要的"建导技能"。

建导技巧之实践篇·01

制定并共享规则

制定一系列可以提升会议质量的规则，如"文件屏幕共享"、"会议中禁止多任务处理"以及"除发言以外关闭麦克风"等。

建导技巧之实践篇·02

做出夸张反应

如果参加者面无表情就很难营造活跃的讨论氛围。向发言者用力点头或者做出稍微夸张的表情能够使他们安心。

建导技巧之实践篇·03

把握议题讨论的关键人物

事先把握好议题讨论的关键人物，例如"A女士负责人事问题""B先生负责预算问题"等。

会有很强的主人翁意识和紧张感。然而，线上会议中的紧张感会在不知不觉间减弱，因此很难出现和线下会议一样的效果。

　　如果想要提高网络会议的质量，最重要的是制定运行规则并要求与会者共同遵守。此外，主持人还需要具备很强的"建导能力"，比如积极为关键人物创造发言机会或者制止长时间喋喋不休的人继续发言。由于线上会议不能像线下会议那样让每一位与会者都沉浸在会议气氛之中，所以主持人必须对会议进行合理把控。

后　记

> 忙于工作不等于擅长工作，
> 管理的精髓在于"做减法"！

　　你身边是否有人一边不停叫嚣着"忙死了"，一边马不停蹄地走来走去？或者，你自己也处于这样的状态？

　　在旁人看来这些忙碌的人积极活跃、精力旺盛且具备极强的工作能力，但事实并非如此。忙于工作就等同于擅长工作，这是一个极大的误解。

　　在我的朋友和熟人中有许多人明明非常忙碌，却丝毫没有显现出忙碌不堪的样子并取得了巨大成果。我切实感受到越是能干的人越是淡然如云，越是不擅长工作的人越容易手忙脚乱。

　　那么这种差异是如何产生的呢？这就是本书中所阐述的管理能力差距。

　　擅长工作的人会有明确的目标意识，他们知道在实现目标的过程中哪些事情是重要的，哪些事情是不重要的。为了高效率地实现目标，他们只专注于重要任务并果断抛弃其他一切无关紧要的事情。这就是在践行管理学中所要求的"重点思考"。

　　与此相对，不擅长工作的人会被无关紧要的事情牵着鼻子走或者被不重要的事情占据时间和精力。这样是不可能做出工作成果的。

　　换言之，工作能力强的人善于"做减法"。敢于舍弃不重要的任务以保持工作张弛有度。相反，不擅长工作的人只会"做加法"。不懂得舍弃非必要任务的人只会眉毛胡子一把抓，最终导致自己陷入手足无措的境地。

换句话说，管理的真谛在于"做减法"。把有限的时间、金钱和资源集中在达成目标所必须完成的事项之中，这样才能够促使事态朝着积极方向发展并最终实现优化。

管理终究只是一种手段而已，但是如果你有渴望实现的梦想和目标，那么就必须学习掌握管理的思维方式和技能。

最后，我衷心地希望这本书能帮助大家提升管理能力，在幸福的人生之路上越走越远。